【中国人格读库】

国家新闻出版广电总局
培育和践行社会主义核心价值观主题出版重点出版物

鲁迅传

高占祥 主编
刘金平 著

北京时代华文书局

图书在版编目（CIP）数据

鲁迅传 / 刘金平著 . -- 北京 : 北京时代华文书局 , 2015.6（2022.3 重印）
（中国人格读库 / 高占祥主编）
ISBN 978-7-5699-0258-7

Ⅰ. ①鲁… Ⅱ. ①刘… Ⅲ. ①鲁迅（1881～1936）—传记 Ⅳ. ① K825.6

中国版本图书馆 CIP 数据核字（2015）第 136507 号

鲁 迅 传

Lu Xun Zhuan

主　　编 | 高占祥
著　　者 | 刘金平

出 版 人 | 陈　涛
责任编辑 | 邢　楠
装帧设计 | 程　慧　段文辉
责任印制 | 訾　敬

出版发行 | 北京时代华文书局 http://www.bjsdsj.com.cn
北京市东城区安定门外大街 138 号皇城国际大厦 A 座 8 楼
邮编：100011　电话：010 - 64267955　64267677
印　　刷 | 三河市嵩川印刷有限公司　0316 - 3650395
（如发现印装质量问题，请与印刷厂联系调换）
开　　本 | 787mm×1092mm　1/16　印　　张 | 14.5　字　　数 | 138 千字
版　　次 | 2016 年 1 月第 1 版　印　　次 | 2022 年 3 月第 3 次印刷
书　　号 | ISBN 978-7-5699-0258-7
定　　价 | 42.00 元

《中国人格读库》编委会

社会主义核心价值观与中国人格

周殿富

社会主义制度在中国已经建立了六十余年，而我们党则在本世纪初叶提出了培育弘扬社会主义核心价值观的重大课题，显然是其来有自。

社会主义的道德风尚在新中国蔚然兴起，曾经那样地风靡于二十世纪中叶。邓小平同志曾经在改革开放中讲过，当年“这种风气不仅是中国历史上从来没有过的，而且受到了世界人民的赞誉”。然而可惜的是，这个在社会主义制度建立与实践中，同步兴起的社会主义道德风尚的成长道路，却是一波四折。半个多世纪以来，它先是与共和国一道遭受了十年“文革”的浩劫；接着便是全党工作重心转移到改革开放进程中，欧风美雨“里出外进”的浸洗濡染；再接着是西方“和平演变”在东欧得手的强烈震荡与冲击；最后又是市场经济中那两只“看不见的手”在搅动着、嬗变着人们的价值取向。至少在国民中出现了价值观上的多层次化，传统美德的弱化，社会道德文明水准的退化，光荣革命传统的淡化，这也许正是中央在本世纪初提出社会主义核心价值观的原因吧。

不管怎么“变”，怎么“化”，当我们回首来时路，却不能不说，中华民族真的很强大，很值得骄傲。人类经历了几千年的文明进程，堪称世界文化之源的“五大文明古国”，其他四大古国文明都已被历史淘汰灭亡，只有中国成了唯一的延续存在。近现代即使那般的积贫积弱，被西方列强豆剖瓜分、弱肉强食，想亡我中华都不可能，就连最强大的美帝国主义，最凶残的日本军国主义都成为我们的手下败将，而且打出了一个新中国，且跨过整整一个历史阶段，直接进入了社会主义。西方敌对势力几十年不遗余力地对新中国百般围剿，“冷战”“热战”“和平演变”手段用尽，连如此强大的前苏联乃至整个苏东阵营都被瓦解了，而社会主义的旗帜仍旧在960万平方公里的土地上高高飘扬，而且昂首挺胸地屹立在世界的东方，中国真的是太强大了。几十年来的瞩目成就，竟然令西方发出了“中国威胁论”。你管他别有用心也好，言过其实也好，总比让别人说我们是“瓷器”，是“东亚病夫”好吧？1840~1949年的一百零九年间，中国尽受别人的欺负、“威胁”了，我们也能让那些昔日列强有点“威胁感”，又有什么不好？更何况这是他们自己说的啊！我们并没吹嘘，也没有去做。几千年来我们侵略过谁呢？“反战”“非攻”“兼相爱，交相利”，中国古有墨子，近有周恩来、邓小平同志。这也是中华民族固有传统美德的延续吧！

生于忧患，死于安乐，这也当是中华民族的一个传统美德吧？几十年来尽管中国如此繁荣兴旺，但从邓小平生前一直到党的“十八大”以来，无论哪一届中央领导集体，从来都没有忘记过国之忧患。忧在何处，患在何处呢？

二十世纪八十年代末，邓小平同志曾经在半年的时间内四次提到：中国改革开放十年最大的失误在教育，在“对青年的政治思想教育抓得不够”“对人民的教育不够”，足见他的痛心疾首。他晚年时又提到了“国格”与“人格”的问题，讲道：“谈到人格，但不要忘记还有一个国格。特别是像我们这样第三世界的发展中国家，没有民族自尊心，不珍惜自己民族的独立，国家是立不起来的。”

（精装版《邓小平文选》第3卷331页。）

人们很少注意到邓小平的这一段话，但邓小平恰恰是在这里把“国格”“人格”提升到了事关“立国”的高度。

那么，什么是我们社会主义的“国格”呢？邓小平讲得很明白：“民族自尊心”“民族的独立”。

新中国一路走来，我们最大的尊严便是完全靠“自力”，靠“艰苦奋斗”，而达“更生”之境。对西方敌对势力的“冷战”“热战”“和平演变”，我们何曾有过屈服？也正是在这一前提下，我们才有真正的“民族独立”。这就是我们的国格。那么什么是我们中国人的人格呢？邓小平同志在这里没有讲，但他在1978年4月22日召开的全国教育工作会议上的讲话中，在讲到我们的教育培养目标时，至少提到与社会主义人格相关的各个方面：革命的理想，共产主义的品德，勤奋学习，严守纪律，艰苦奋斗，努力上进，爱祖国，爱人民，爱劳动，爱科学，爱护公共财产，助人为乐，英勇对敌，集体主义精神，专心致志地为人民工作，等等。这里的哪一条不属于社会主义人格的范畴呢？

2006年党的十六届三中全会，第一次提出了“建设社会主义核心价值体系”的历史性命题和战略任务。2007

年，胡锦涛同志在“6·25”讲话中又具体提出这个“体系”包括四个方面的内容：①马克思主义的指导思想；②中国特色社会主义共同理想；③以爱国主义为核心的民族精神和以改革创新为核心的时代精神；④社会主义荣辱观。这四个方面，一是信仰，二是理想，三是精神，四是道德文明，哪一个不在社会主义人格的范畴之内呢？党的十七届六中全会又提到了社会主义核心价值体系是“兴国之魂”。

2012年11月，在党的“十八大”上又用“三个倡导”把社会主义核心价值观概括为十二项：①倡导富强、民主、文明、和谐；②倡导自由、平等、公正、法制；③倡导爱国、敬业、诚信、友善。而且中办文件又把这“三个倡导”分为三个层面：第一个“倡导”的四项，是国家层面的价值目标；第二个“倡导”的四项，是社会层面的价值取向；第三个“倡导”的四项，是公民个人层面的价值准则。实际上前两个“倡导”的八项都是属于“国格”范畴，而第三个“倡导”是属于“人格”范畴。

那么，我们怎样才能在前面讲到的那些历史嬗变中培育建构起这个“核心价值观”呢？中共中央政治局的第十三次集体学习，似乎很明确地回答了这个问题。

新华社北京2014年2月25日电讯称：中央政治局在2月24日，以弘扬社会主义核心价值观，弘扬中华传统美德为内容，进行了集体学习，习近平总书记在主持学习时强调：

培育和弘扬社会主义核心价值观必须立足中华优秀传统文化。牢固的核心价值观，都有其固有的根本。抛弃传统、丢掉根本，就等于割断了自己的精神命脉。博大精深的中国优秀传统文化是我们在世界文化激荡中落稳脚跟的根基。中华文化源远流长，积淀着中华民族最深层的精神追求，代表着中华民族独特的精神标识，为中华民族生生不息、发展壮大提供了丰厚滋养。中华传统美德是中华文化精髓，蕴含着丰富的思想道德资源。不忘本来才能开辟未来，善于继承才能更好创新。对历史文化特别是先人传承下来的价值理念和道德规范，要坚持古为今用、推陈出新，有鉴别地加以对待，有扬弃地予以继承，努力用中华民族创造的一切精神财富来以文化人，以文育人。

习近平总书记的这段论述相当精辟，对于如何培育建构社会主义核心价值观问题从四个方面剀切明白。

第一，他明确指出要在中华优秀传统文化的基础上，来构造我们的社会主义核心价值观，而不能割断历史。这一条十分重要，否则我们便会失去我们的本来面目，便会成为无源之水，也就无法走向未来。

第二，指出了中华传统美德是中华文化精髓，蕴含着丰富的思想道德资源。这就为我们揭示了社会主义核心价值观，要以弘扬优秀的中华传统美德为基础。

第三，他指出，对传统文化在扬弃中继承，在继承中创新。这就是说，社会主义核心价值观的内涵，既要有优良传统的文化精神，也要有时代精神，是二者的有机结合。

第四，他指出要用中华民族创造的一切精神财富，来化人育人。这就是说，弘扬中华民族文化，并不只是传承儒学那些道统，而是要弘扬全民族共创的优秀传统文化。同时也就是说，培育、弘扬社会主义核心价值观的根本目的是化民、育人。

尤其值得瞩目的是，习近平总书记在这次讲话中提到了一个“中华民族独特的精神标识”问题，而在同年的全国组织部长会议上又提出我们再也不能以GDP论英雄的思想。让人欣慰的是，思想道德文化建设终于被提升到一个民族的标识地位，这至少表明中国人的思想观念，并不落伍于世界潮流。

并不受人欢迎的亨廷顿生前给他的祖国提出的警示忠告，竟是如何弘扬他们没有多少历史和文化的“传统文化”：“盎格鲁新教精神——美国梦”，以此为国家的“文化核心”问题。他讲道：“在一个世界各国人民都以文化来界定自己的时代，一个没有文化核心而仅仅以政治信条来界定自己的社会，哪有立足之地？”所以，他提醒他无限忠于的祖国，一定要巩固发扬他们自入居北美以来，在新教精神基础上形成的“美国梦”理念的“文化核心”地位，这样才能消解这个国家的民族与文化双重多元化的危机。为此，他甚至预言美国弄不好会在本世纪中叶发生分裂。而且他公开预言不列颠大英帝国也会因民族与文化多元化的问题，导致在本世纪上半期发生分裂。

西方的一些专家学者们也十分强调国家民族文化的地位问题，柏克说：“全世界的人根据文化上的界限来区分自己。”丹尼尔同样说：“保守地说，真理的中心在于，对一个社会的成功起决定作用的是文化，而不是政治。开明地说，真理的中心在于，政治可以改变文化，使文化免于沉沦。”这些语言也可能有它们的局限性与某种非唯物性，但至少可以让我们看到那些发达的资本主义国家在想什么，至少与马克思主义经典作家们，关于意识形态并不总是消极被动地接受它的经济基础的论断并不相悖。

中国显然具有世界上最悠久的民族文化，同时显然也拥有世界上最强大的政治优势。新中国包括它直接进入社会主义的经济形态，以及其后的一次次经济变革，哪一次不是靠政治力量在强力推动呢？它当然同样拥有让我们几千年的民族文化“免于沉沦”的能力。有学人认为我们的民族文化早就被以往一次次的历史性灾难割裂了，这个看法显然都是毫无道理的。但我们当下却确实面临着“两个传统”失传失统的危险。中国的传统文化与优秀的民族美德，在当代国民中还有多少传承？老一代中国共产党人用生命与鲜血铸就的光荣革命传统，在党内还有多少“光大”？我们现在全民族的“核心文化”到底在何处？“社会主义核心价值观”的提出不仅符合世界潮流，也是使我们优秀的民族文化得以传承而不发生历史断裂的根本保证。富和强永远都不是一个民族的标志，哪个国家不可以富，不可以强？但能代表中国“这一个”本来面目，具有自己民族特色的，唯有中华民族的文化，能代表中国人形象的只有中国独具的道德人格。什么是人格？人格就是原始戏剧中不同角色的本来面目。

综上所述，我们是不是可以这样认为，社会主义核心价值观应内含如下的成分：中华民族传统文化中的优秀传统美德；中国人民近现代反帝反侵略反封建的爱国主义、斗争精神与中国共产党领导下形成的几十年光荣革命传统；中国化了的马克思主义有中国特色社会主义的共同理想；与“中国梦”远大目标相适应的时代精神。由这些内涵构成的社会主义核心价值观，用它来干什么呢？用习近平总书记的话来说就是“化人”“育人”，把它再具体化一下，无非是打造能体现中华民族特色，代表中国形象的国格、人格。在思想道德层面上，一个国家的民族精神也只有在人的身上才能体现，所以我们依据社会主义核心价值观的基本要求，针对当代青少年的实际情况，策划了《中国人格读库》这样一套大型系列选题。

本套书承蒙全国少工委、中华文化促进会、团中央中国青年网三家共同主办推广，并积极提供书稿。难得高占祥老前辈热情出任该套书的编委主任，且高占祥同志不辞屈就加盟主创作者队伍。一些大学、中学教师与青年作者也积极加盟此套书的编写。该选题被国家新闻广电出版总局列为2014年全国社会主义核心价值观重点选题，在此一并鸣谢。

希望本套书的出版能为社会主义核心价值观的培育与弘扬，为促进青少年的道德人格养成起到积极的作用。欢迎广大读者与作家对不足之处批评教正，多提宝贵建议与指导意见。

谨以此代出版前言并序。

二〇一四年十月

于北京时代华文书局

引言

鲁迅是任谁也不陌生的，然而既然是作传，自然首先要对传主做一个极简式的生平交代：

鲁迅（1881年9月25日—1936年10月19日），原名周樟寿，后改名周树人，字豫才，后改为豫亭，浙江绍兴会稽县人。“鲁迅”是他1918年5月发表中国现代第一篇白话小说《狂人日记》时首次使用的笔名，此后成为他最广为人知的名字。

出身于一个封建官宦家庭，鲁迅拥有着与许多人一样的快乐童年。幸福的童年大抵相同，而命运的剧本给予他少年不幸的转折竟也与他人类似：家道中落，父亲早逝。1898年，他前往南京求学，先学水师后学路矿，期间痴迷《天演论》，奠定了此后长久信奉的进化论思想。1902年，鲁迅考取清政府官费赴日本留学，先入东京弘文书院，后又进入仙台医学专科学校，于是就很快有了那次著名的幻灯片事件，从此弃医从文。在日本的八年中，他曾亲近激进的革命思潮，更主要精力还是用在了修习文艺上，他遇到了俄罗斯的托尔斯泰，却尤爱德国人尼采。1909年，鲁迅从日本归国，任浙江两级师范学堂教员，辛亥革命后出任山会初级师范学堂监督。1912年初进入新成立的国民政府任教育部任职，随后随政府迁居北京，在绍兴会馆度过了生命中最为沉寂的七年。

1918年，在钱玄同的劝说下积极参与新文化运动，以出手就达到中国现代文学顶峰的一篇篇小说、散文和杂文迅速成长为一代文豪，矢志于国民性批判。1926年离开北京，前往厦门大学任教，不到半年即奔赴国民大革命的策源地广州，半年多后又在大革命的失败中去往上海，在那里走完生命的最后九年。在上海期间，思想上转向马克思主义，倡导无产阶级革命文学。1936年病逝于上海，死后备极哀荣，被尊为“民族魂”。

短短六百字，便已将他的一生交代完毕；其实又何须六百字，墓志铭往往仅一句而已，更何况他连墓志铭也没有给自己准备呢。然而，无论是六百字还是一句话都无法让人理解——“现代中国最苦痛的灵魂”。本书私心所在，确乎希望看完这本十万字小传的读者能从中得到些许答案。倘若要论起公心的话，那便是希望这本小书也能成为一篇引言，让人们能够产生一丝兴趣去亲自靠近这颗灵魂，毕竟他曾经那么浓墨重彩地活过，毕竟我们也曾、也正、也将在同一片土地上活过、活着、活下去。那么，这篇引言也确乎将成为引言的引言了，则诚哉大幸。

目录

一、绍兴：黄金世界和在人间

有谁从小康之家而坠入困顿的么，我以为在这途路中，大概可以看见世人的真面目。

——鲁迅《呐喊·自序》

在我们每个人的生命过程中，总会有许许多多个这样的时刻：它们与我们相距遥远，以至于在很长的时间里我们都对其一无所知；然而，它们却以对时代氛围的深刻展露沉淀了下来，最终共同编织成了某种命运交响曲；也许唯有在我们的生命终结之后，后来者的目光才能穿过漫漶的历史烟云，洞察出它们之于我们的全部意义。

而对于鲁迅，1881年便可以成为这样的一个时刻，而且关乎源起，尽管对动荡不安的整个中国近现代史而言它似乎并无多少值得特别书写之处。这一年发生的大事屈指可数：

首先在西北，通过二月与俄国签订的《伊犁条约》收回了

鲁迅

被强占的伊犁，这是中国步入近代以来少有的一次军事和外交胜利；

继而在西南，中法在越南关系日趋紧张，终于在两年后酿成战争；

最后在华北，唐山至胥各庄的运煤专线开通，它也成为了中国自办的第一条铁路，背后则是清中央政府和一些封疆大吏掀起的洋务运动。

由此，一幅粗线条的近代中国图景现身了：一方面是外人入侵，祸起四境；另一方面则是一代代志士仁人前仆后继、殚精竭虑的自救尝试。

然而这样粗线条的宽幅图景终究也只能作为远景，作为一颗多年后才能显示出其深刻意义的楔子。如果我们将镜头横移，聚焦于浙东古城绍兴的新台门周家，近景无疑是一个普通中国仕宦人家的欣喜——这一年的9月25日，周家大公子降生了。这种欣喜是很可理解的，因为在传统社会，只有男丁才能带来延续家族荣光的希望，正像在古老而躁动的华北大地上奔驰的第一列中国人自己的火车那样——这个男孩，终究也将成长为新时代的火车头，带着他命运中所有的颠沛和曲折驱驰而去。

男孩的祖父周福清正在北京做官，消息很快报送过去，他便以当时拜访自己的一个朋友的姓氏给长孙命名为“阿张”，随后又找了一个谐音字命名为“樟寿”。不管如何，这毕竟是个有着美好寓意的名字：像樟树般盛大而长寿。于是，小樟寿便在绍兴城一天天成长起来。

绍兴是一座有点儿古怪的城市。尧舜的王道事业和勾践的卧薪尝胆是这片土地上流传着的最早传说，王羲之和他的朋友们也曾在这里流觞曲水，不过这些都已是久远幽缈的往事了。风流俱散，到了鲁迅出生的时代，绍兴名闻全国的是两样特产，一是师爷，二是黄酒，它们深刻影响了鲁迅祖父和父亲的性格，也构成鲁迅自身独特的故乡体验。

明清两代，虽有其他地方的读书人也做师爷的，不过最出名、规模最大的却是绍兴人。职业特色渐渐融入了当地的文化基因中，也形成了冷峻、尖刻的文风和多疑、善骂的性格，这一点从徐渭、张岱、章学诚等人身上都可以看出。周福清正是这样一位爱骂人的老人，对外是恃才傲物、满腹牢骚，对家里人则经常毫无遮拦地破口大骂。比如他常说梦见什么人反穿皮马褂来告别，意思是说那人死后要变成猪羊；又曾说这人后来孤独穷困，老了只能在一处后悔——这是更为恶毒的，因为古代文人描写“冥土旅行”说阎王给极凶恶之人的判罚是不给孟婆汤，让他坐在地狱里回忆过去的荣华与威力，这刑法是比火烧和狗咬更为残酷的。小樟寿固然听不懂其中太多深意，但祖父的威严和愤怒还是能体味出来的，因此对这位老人也就多少藏有了几分畏惧。不过，从小尽力逃避却难免耳濡目染的这些尖刻和怨恨最终还是化为一股潜流留了下来，构成了日后他多疑、尖锐文风的最初源头。

祖父因京官的身份较少居家，父亲周伯宜是一直在身边的，却也同样不好亲近。现在看来他的形象已颇为模糊，只知道性情沉默，却嗜好喝酒，常常一个人喝闷酒。这酒不是我们现在常喝的经过二度蒸馏的白酒，而是果酒，可以多饮而慢醉。绍兴黄酒在果酒中又以清冽优醇而标格独出，既没有葡萄酒的腻味也没有高粱、大曲的辛辣，是很陶醉人的，也可见父亲大概不像祖父般狷介张扬。绍兴人大多好酒，鲁迅后来的文章中常常写到小酒店的情趣：无论咸亨或德兴，大抵是一间门面，靠墙的柜子上放些酒瓶，门口是曲尺形的柜台，上设半截栅栏陈列各种下酒菜，店的后半是雅座，也不过就是些狭板桌条凳罢了；这些千篇一律的小酒廊，却是下层读书人和各种引车卖浆者流的好去处。当然，还有归乡的游子。与父亲和同乡人一样，鲁迅也是好酒的，虽然酒量不大。他后来在《在酒楼上》写自己上了一石居，叫堂倌来“一斤绍酒，十个油豆腐，辣酱要多”时，是否会理解自己幼时不敢亲近的父亲呢？同样的沉默而苦闷，他来到了父亲的年纪。

如果说关于祖父和父亲的记忆大多是苦涩，那么童年里祖母蒋老太太、母亲鲁瑞带来就是纯粹的爱的滋养了。蒋老太太温和、慈祥，更要紧的是会讲故事。到了夏夜，小樟寿就常常躺在院落里那株大桂树下的小板桌上乘凉，祖母摇着大蒲扇坐在桌旁，于是期待中的故事会便开始了。有时候桂树上会突然传来沙沙的趾爪的爬搔声，抬头便看见一对闪闪的眼睛，使人暗暗吃惊。于是祖母就开始讲“猫是老虎先生”的故事了。传说中那老虎本来是什么也不会的，就投到猫的门下拜师学艺。猫把扑、捉、吃的方法都教了它，于是老虎想，本领都学会了，只有老师比自己强了，于是要杀掉猫。待它扑向猫的时候，猫却一跳上了树——原来它早料到徒弟的叛逆，独独没教它如何爬树，于是老虎便只能蹲在树下了。“这是侥幸的，幸而老虎性急，否则从桂树上就会爬下一只老虎来。”小樟寿想。不过这故事还是令他害怕起来，于是竟急着要进屋睡觉去了。

除了猫的徒弟老虎，“水漫金山”也让小樟寿不安。白蛇娘娘和许仙的一段奇情本是多可赞美呀，那法海和尚偏要放下经卷，横来招是搬非，将白蛇娘娘装在一个小小的钵盂中，还在上面造起一座镇压的雷峰塔来。从此，法海的残忍和白蛇娘子的凄惨命运都像那座重重的雷峰塔压在了心头。他虽然还不太懂得多少封建礼法之类的抽象概念，心中的怅惘和仇恨却是足够的。很长一段时间里他唯一的希望便是那雷峰塔的倒掉。后来他从大舅父那里得到了一本弹词《白蛇传》，不出几天里面法海绣像的眼睛就叫他用指甲掐得稀烂。

他也有极爱的故事，便是那“老鼠娶亲”，从新郎新娘到宾客、执事，没有一个不是尖腮细腿，像煞了读书人，却穿着红衣服、绿裤子，实在是可爱。

小樟寿也爱看戏，显然是受到母亲鲁瑞的影响。她曾经不止一次买了瓜果，请族人围坐在新台门道地里看平调艺人的演出，也常常带着樟寿兄弟们到乡间娘家平桥村去看社戏。每当到了这时候，樟寿就格外快活，不仅因为可以免念“秩秩斯干幽幽南山”了，还因为每天都可以跟乡间的小伙伴去放牛，或掘了蚯蚓钓那呆子似的虾。不过，小樟寿盼望着的第一等大事却是到邻村赵庄去看社戏。晚饭时分，十几个善于凫水的少年借了八叔的大船便载着樟寿出发了。一路上笑着、嚷着，夹着潺潺的船头激水的声音，在左右都是碧绿的豆麦田地的河流中，飞一般向着赵庄前进。夜色温柔，令人难忘，1922年鲁迅在《社戏》中用诗意的笔触回忆道：

两岸的豆麦和河底的水草所发散出来的清香，夹杂在水气中扑面的吹来；月色便朦胧在这水气里。淡黑的起伏的连山，仿佛是踊跃的铁的兽脊似的，都远远地向船尾跑去了，但我却还以为船慢。他们换了四回手，渐望见依稀的赵庄，而且似乎听到歌吹了，还有几点火，料想便是戏台，但或者也许是渔火。

那声音大概是横笛，宛转，悠扬，使我的心也沉静，然而又自失起来，觉得要和他弥散在含着豆麦蕴藻之香的夜气里。

那火接近了，果然是渔火；我才记得先前望见的也不是赵庄。那是正对船头的一丛松柏林，我去年也曾经去游玩过，还看见破的石马倒在地下，一个石羊蹲在草里呢。过了那林，船便弯进了叉港，于是赵庄便真在眼前了。

最惹眼的是屹立在庄外临河的空地上的一座戏台，模胡在远处的月夜中，和空间几乎分不出界限，我疑心画上见过的仙境，就在这里出现了。这时船走得更快，不多时，在台上显出人物来，红红绿绿的动，近台的河里一望乌黑的是看戏的人家的船篷。

尚在停船，樟寿便看见台上有一个黑长胡子的背上四张旗，捏着长枪，和一群赤膊的人正打仗。不过他最愿意看的是一个人蒙了布，两手在头上捧着一支棒似的蛇头演蛇精，其次便是套了黄布跳老虎。很快，台上的唱腔与台下大人们的喝彩、孩子们的嬉闹还有各式小吃摊子上的吆喝声汇合一片，实在是纷繁、生趣极了，叫人听了满心欢喜。

到了深夜，小伙伴们都显得有些困乏了，于是就摇船回去。一离开赵庄，月色显得格外皎洁，回望那片灯火处，戏台又如初来未到的时候一般，缥缈得像一座仙山楼阁，被红霞满满地罩住了。耳畔依然有悠扬的横笛声，这一次船头的激水声更响亮了，那航船，就像一条大白鱼背着一群孩子在浪花里蹿。离平桥村还有一里模样，这时候又有小伙伴提出罗汉豆正旺盛，船上又有现成的柴火和盐，或许可以偷一点来煮了吃的。大家于是行动起来，偷了豆回到船上，几个年长的仍然慢慢地摇着船，另外几个则到后舱生火，年幼的和樟寿都剥豆。

1930年的鲁迅

不久豆熟了，便任凭航船浮在水面上，都围起来用手撮着吃。吃完豆，又开船，一面洗器具，豆荚豆壳全抛在河水里，什么痕迹也没有了。

说到樟寿童年的小伙伴，除了平桥村那一众会钓虾、放牛、凫水、摇船、看戏的少年外，还有一位小英雄闰土。那年周家正值一件大祭祀的值年，家里唯一一位逢年过节来帮忙的工人怕照料不过来，便叫了他的儿子来管祭器。新年到了，闰土也来到了周家，小樟寿赶紧跑过去看。他正在厨房里，紫色的圆脸，头戴一顶小毡帽，颈上套一个明晃晃的银项圈——这是因为他的父亲十分爱他，怕他死去，所以在神佛面前许下心愿，用圈子将他套住了。闰土见人十分害羞，却总是松松爽爽地跟樟寿聊天、玩耍。他告诉樟寿许多新鲜、奇妙的事情，比如海边的五色贝壳啦、潮汛要来的时候沙滩上像青蛙似的有两个脚的跳鱼儿，还有夜里管西瓜的事情。

“管贼么？”

“不是。走路的人渴了摘一个瓜吃，我们这里是不算偷的。要管的是獾猪，刺猬，猹。月亮地下，你听，啦啦的响了，猹在咬瓜了。你便捏了胡叉，轻轻地走去……”

于是小樟寿才知道原来西瓜还有这般的历险故事，自己先前单知道它们在水果店里出卖罢了。闰土总是有无穷无尽的稀奇的事，可惜正月过去了，闰土须回家里去。小樟寿急得大哭，他也躲在厨房里哭着不肯出门，但终于还是被他父亲带走了。后来闰土托他的父亲带给樟寿一包贝壳和几支很好看的鸟的羽毛，樟寿也曾送他一两次东西，但从此却多年未见。不过樟寿的脑海中却始终未曾忘却那样一副神异的图画：深蓝的天空挂着一轮金黄的圆月，下面是海边的沙地，都种着一望无际的碧绿的西瓜，其间有一个十一二岁的少年，项戴银圈，手捏一柄钢叉，向一匹猹尽力地刺去，那猹却将身一扭，反从他的胯下逃走了。

虽然小樟寿总是期冀着能跟小玩伴们多玩一会儿，但更多的时间他却是必须待在家里。不过由于祖母和母亲的引导，他很快就迷恋上了书画。在皇甫庄大舅父家里的时候，樟寿和二弟櫆寿就曾向自己的表兄借来一册《荡寇志》的绣像，随后又买来一些叫作吴公纸的毛太纸一张张地影描，订成大本。他们后来又影写了好些画谱。记得有一次他是在堂前廊下影描马镜江的诗中画或是王冶梅的三十六赏心乐事，描了一半后有事出门去了，蒋老太太看了觉得好玩，也上去画了几笔，却画坏了，樟寿回来看见就扯去另描一幅，老太太却是有些怅然了。后来因为压岁钱有了些许积蓄，他们便开始买画不再借抄了。《毛诗品物图考》《芥子园画谱》自然是必须要有的，陈淏子《花镜》也是二百文钱从一个同窗的本家那里得来的，因为那上面不仅把很多花草画了出来，还分别介绍了栽培的方法。至于读书，他们爱的却不是什么四书五经之乎者也的“圣贤书”，而是《聊斋志异》《夜谈随录》《三国演义》《绿野仙踪》之类的“剩闲书”，慢慢地甚至连《茶经》和《五木经》这种专门书也拿来抄了。他们那时候痴迷到什么程度呢？甚至过年出门拜岁，也觉得坐船时间太久，非得带上一本书不可。

于是就有人来告诉樟寿了，说曾经看到过一本绘图的《山海经》，里面尽是些人面的兽、九头的蛇、三脚的鸟，还有长着翅膀的人和没有头而用双乳当眼睛的怪物等等，总之是一个充满神魔怪兽和勇士的国度。可是这人却不知这书搁哪儿去了，问了许多人也不知所云，于是只好时时念叨着。一天，告假回去了四五天的保姆长妈妈一回来就将一包书递给小樟寿，高兴地嚷道：“大阿官，有画的‘三哼经’，我给你买来了！”仿佛遭到了一个霹雳般，全身震颤的樟寿赶紧接过纸包，打开是四本小小的书，略略一翻，果然，人面的兽、九头的蛇这些奇怪而妙趣的生物都在里面。这个长妈妈！原先自己对她是颇可恼的，因为她夏天睡觉时总是伸开双脚双手，在床中间排成个“大”字，任自己如何叫嚷都不管用，还因为她踩死了自己养的心爱的隐鼠——为此他还曾严厉地诘问并且直呼她为“阿长”。此刻一切的恼怒都烟消云散，心中只剩下对她的感激了。从此，这《山海经》便成了他最心爱的书。

不过他虽爱看图画书，却格外恼那《二十四孝图》，尤其是“老莱娱亲”和“郭巨埋儿”两则。老莱子是春秋战国时人，到了七十岁时还身穿五彩斑斓的衣服，手里摇着拨浪鼓做出婴儿的模样逗乐双亲，还总是假装摔倒扮婴儿的啼哭来使自己的双亲开怀，就是这样一副拿着肉麻当有趣的怪诞行状，却被中国谨守着纲常伦理的君子们表彰为孝子的模范。至于汉代的郭巨呢，遇到饥荒，为了母亲有足够的食物便把自己三岁的儿子埋了。这个被自己父亲活埋的可怜孩子不仅使小樟寿打消了做孝子的念头，还担心起父亲会做孝子，从此总怕见到父母为家计愁苦，连见到白发的祖母也觉得她是和自己不两立的人而隐隐生出不安来。

不单单是从故事、戏曲和图画中生出欢喜、悲伤、烦恼这诸般丰富的情感，生性活泼的小樟寿也将自己的心灵和感官置于那美妙的大自然中，其中最要紧的恐怕便是周家屋后的百草园了。这个大园子中虽然只是有些野草，但对于那时的他而言却是天堂般的乐园。在《朝花夕拾》中，鲁迅曾如此生动地回忆道：

不必说碧绿的菜畦，光滑的石井栏，高大的皂荚树，紫红的桑椹；也不必说鸣蝉在树叶里长吟，肥胖的黄蜂伏在菜花上，轻捷的叫天子（云雀）忽然从草间直窜向云霄里去了。单是周围的短短的泥墙根一带，就有无限趣味。油蛉在这里低唱，蟋蟀们在这里弹琴。翻开断砖来，有时会遇见蜈蚣；还有斑蝥，倘若用手指按住它的脊梁，便会拍的一声，从后窍喷出一阵烟雾。何首乌藤和木莲藤缠络着，木莲有莲房一般的果实，何首乌有臃肿的根。有人说，何首乌根是有像人形的，吃了便可以成仙，我于是常常拔它起来，牵连不断地拔起来，也曾因此弄坏了泥墙，却从来没有见过一块根像人样。如果不怕刺，还可以摘到覆盆子，像小珊瑚珠攒成的小球，又酸又甜，色味都比桑椹要好得远。

到了寒冷而萧索的冬天呢？平日里固然是比较无味的，但一旦下了雪可就不一样了：

拍雪人（将自己的全形印在雪上）和塑雪罗汉需要人们鉴赏，这是荒园，人迹罕至，所以不相宜，只好来捕鸟。薄薄的雪，是不行的；总须积雪盖了地面一两天，鸟雀们久已无处觅食的时候才好。扫开一块雪，露出地面，用一枝短棒支起一面大的竹筛来，下面撒些秕谷，棒上系一条长绳，人远远地牵着，看鸟雀下来啄食，走到竹筛底下的时候，将绳子一拉，便罩住了。但所得的是麻雀居多，也有白颊的“张飞鸟”，性子很躁，养不过夜的。

然而这覆盆子、木莲们和蟋蟀们相伴相随的天堂世界终于是要告别了。是因为拔何首乌毁了泥墙么？还是因为将砖头抛到隔壁的梁家去了？又或者是因为站在石井栏上跳了下来吧？小樟寿不知道为什么家里人要将自己送进书塾去了，且是全城中最严厉的书塾三味书屋。学堂离家不远，出门走数百步即到了，先生是位须发全白的高瘦老人，据说是城中极方正、质朴、博学的人。拜了孔子和老师后，便开始上课了，上课呢也无非是习字、对仗和诵读些圣贤文章，自然是不合小樟寿的意的。也不知从哪里听来说东方朔也是很渊博的，他认识一种叫“怪哉”的虫，是冤气化成的，用酒一浇便消释了。耐不住好奇的樟寿想要详细地知道这故事，便在一次下课的时候赶紧问了同样渊博的先生。

“先生，‘怪哉’这虫，是怎么一回事？”

“不知道！”他似乎很不高兴，竟至于脸上有了怒色。

小樟寿这才知道做学生的是不该问这些事的。于是上课就更加索然了。好在先生自己读书总有入神的时候，这时小樟寿便开始画画儿了。他用一种叫作“荆川纸”的，蒙在小说的绣像上一个个描了下来。一年下来，书没有读成，作画的成绩却不少了。

这便是鲁迅的童年时代，他有幸降生在了一个富足的家庭，其间虽然有难以理解的父辈的暴戾和苦闷，更多的却是来自温柔、敦厚的女性长辈的濡染。像只小海兽般，他在书籍、绘画，在城市、乡间的美丽人事和那梦幻般的百草园的海洋中自由自在地舒展着自己的触角。在这自由舒展里，他的感受力、想象力、爱和同情便都迅速地生长起来了。这是属于他的原始乐土，是他最初的文艺滋养。某种意义上而言，他生命的全部跋涉都在重返这片纯粹的、白云流荡、星光闪烁、草木葳蕤的黄金世界。

是的，重返。这只小海兽注定是要经历海洋和风暴的洗礼的。唯有穿越黑暗森林而出的生命才显得深邃而醇厚，难道不是这样么？

于是，风暴终于要降临了。

1893年，由于适逢慈禧太后“万寿”，由光绪皇帝颁旨在全国各省举行一次“恩科考试”。浙江的主考官殷如璋与周福清是同榜进士，是有同年之谊的。于是周家的几个亲戚便凑了一万两银票交给刚刚告假回家的周福清送去苏州打通关节。到了苏州后，周福清即差遣跟班陶阿顺将装有银票的信封送去。这时，副主考周锡恩正好在殷如璋处商量考试事宜，殷如璋收到来信后并不拆阅，随手将信搁到茶几上继续谈话。也许是周家的命运，这陶阿顺看久无回音，忍不住叫嚷起来：“信中有万两银票，怎么不给个收条呢？”这事便暴露了，闹到了江苏巡抚那里。在科举时代，通关节是大罪，周福清知道躲藏不了，不久便去自首，后来移到杭州，囚禁在司狱司里，一住便是七年。在这七年里，每当秋决的时候，周家都得花一大笔钱到京中向户部设法将案子拖下来，于是家中的经济很快便开始困窘起来，以至于终于要变卖田产了。

因为担心受到牵连，从周福清入狱的时候起，鲁瑞便将两个稍大的孩子送去了皇甫庄，后来樟寿又随大舅父迁移到小皋埠。舅父家他自然是熟悉的，母亲不是常常带自己来这儿看戏么？那戏台上高帽子、白领子的无常鬼应该还在表演吧？还有乡间的小伙伴们和那些快活的日子……然而，当樟寿由一个家境优渥的城里少爷一下子跌落为流亡的落魄公子时，生活很快便展露了它的残酷锋刃。还是在皇甫庄的时候，有一次他无意撞见一个亲戚正在和邻居挤眉弄眼地说："要饭的……"周围并没有别人，于是这三个刀一般的字眼便无疑是指向自己了。一颗敏感的心从此便浸在了苦涩的胆汁中，但是又有什么办法呢？母亲不是已经说了回家是暂时不行的，祖父的案子尚未完结呢。

当然亲戚中也有对他好的，比如舅父和他的内弟那位自己称作友舅舅的，樟寿常常跑去找他聊天，或是从他那儿借了《封神》《镜花缘》《红楼梦》之类的小说来看。只是，一个客居的孩子，哪怕面对的是来自亲友的特别善意，恐怕也会觉出些寄人篱下的不自然吧，就像《红楼梦》中寄居贾府的林黛玉。更何况这孩子先前已经遭受了来自人世间冷眼的凉薄呢。

祖父的判决下来的时候，樟寿终于可以回家了。他并不知道，等待着自己的将是一段更加漫长而艰难的人间逆旅。父亲周伯宜，因为祖父科举行贿一案被革去秀才身份，本来已是一事无成的人生由于家道无可挽回的衰颓更平添无数愁绪，于是更加无节制地滥饮滥醉，常常喝到面孔发红、大发脾气，终于在一个冬日里突然口吐狂血。病来如山倒，家里人遵从"医者意也”的中医古训，赶紧研了墨水送去给他喝，因为墨水的黑可以覆盖红色的血液。后来又请了一位医生来看，病情便慢慢稳定下来。谁知道一年多以后，周伯宜的病势突然加重，起先是脚背浮肿，后来便发展到了小腿。

当时绍兴城有两位号称名医的姚仙芝和陈莲河，无奈之中的周家先后延请他们来为周伯宜治病。两位名医，一个是圆而胖的脸，一个是长而胖的脸，诊金却一例都是一元四角，而他们所要求的药引也是特别。前者是要一尺长的鲜芦根、经霜三年的甘蔗，都是些不易搜寻的东西。后者则更加奇特，最寻常的也是要“蟋蟀一对”，旁边还加了小字“要原配，即本在一窠中者”，仿佛蟋蟀们也须得遵从那纲常伦理，续弦或再嫁是连药效也要失去的。名医后来又开了一种“医者意也”的丸药，便是那用打破的旧鼓皮做成的败鼓皮丸——因为中医里把水肿称作鼓胀，打破的鼓皮自然是可以降服它的罢。千万不可低估了这“意志胜利法”，它不仅通行于那时候主流的医学领域，甚至在军事上也被广泛采用。当时清政府有个憎恨“洋鬼子”的将军叫刚毅，练了些兵准备打洋人，称作“虎神营”，便是取了虎可以吃羊、神可以收服鬼的意思。

周伯宜的水肿病，每次一元四角的诊金在当时已是巨款，又何况隔日便需请来一次，更何况如此三四年呢。严重的入不敷出很快就拖垮了周家的经济。田产已经变卖得仅仅够家常日用，唯一的法子便是典当资产。于是在那四年多的日子里，樟寿常常出入于当铺和药店里，久而久之连当铺的伙计也对这落魄的周家长孙生出许多蔑视来。几乎每天，他从比自己高一倍的柜台外送上衣服或首饰去，在侮蔑里接了钱，再匆匆赶到与自己一样高的柜台上给久病的父亲买药。但两位名医终至于对这病束手无策了，周伯宜在日渐一日严重的肿胀和稀薄的呼吸中亡故了。似乎并不难想象至亲的死亡对于一个十几岁少年的冲击。也许在悲伤之余是自疚和无奈居多吧，自己为何不能早日成长起来保护深爱着的父亲呢？或许也会有一丝庆幸，因为自己深爱着的父亲终于可以不用再受这世间苦痛的折磨。

对于生者而言，生活在继续，而这世间苦痛的折磨也在继续。父亲亡故后，有一次家族聚议，商量重新分配房屋。作为长孙的樟寿代表自己的那一房参加会议，却受到亲戚本家的欺负，要将坏房子分给他们。樟寿自然是不肯签字的，竟引起了一位本家长辈的厉声呵斥。这位长辈素来是和蔼的，也曾借了书画给自己抄阅。他难以理解，为何先前那么温和、恭敬的亲戚们的嘴脸会转变得如此迅速呢？面对屡遭大劫的同族难道不应该是相扶相济么？

那时候樟寿还常常去住一门里的衍太太家，与她或她的男人谈闲天。有一次谈到自己有很多东西要买，看的和吃的，却苦于没有钱。

“母亲的钱，你拿来用就是了。还不就是你的么？”

“母亲没有钱。”

“你可以拿了首饰去变卖。”

“也没有首饰的。”

“也许你没有留心。到大厨的抽屉里，角角落落去寻去，总可以寻出一点珠子这类东西……”

这话听了是有些异样的，从此樟寿便不再到她那儿去。大约不到一个月，流言却传了过来，说他已经偷了家里的东西去变卖了。仿佛骤然间掉入了冷水中，少年心已是瞬间枯寂、惨然了大半。他当然知道这流言的来源，但绝大多数流言之可畏，不正是因为它们往往是些既无法证实又无法证伪的模糊攻击么？唯有如此，它们才能赢得那些惯于躲在阴暗中施放冷箭者的青睐。试问，人如何能够证明自己并没有偷偷地做过某事呢？既然无法证明，便更要担心他人都视自己为贼了。而这满腹担忧的行迹不正合了所谓的“做贼心虚”么？于是，这流言中的“贼”便终于困死在了那流言者的谈笑和眼光中了。年轻的樟寿自然也不是对手，到最后连自己都觉得是犯了罪一般，怕遇见人们的眼睛，也怕受到母亲的爱抚。

流言和侮蔑、白眼和冷笑……十三岁到十七岁的鲁迅收获的只有初涉世事的百般凌辱。命运真是善于开玩笑，童年时代的黄金世界竟消逝得如此迅疾，此刻已是恍如隔世。年过不惑的鲁迅回忆起这段经历时依然风沙满袖，他如此写道：“有谁从小康之家而坠入困顿的么，我以为在这途路中，大概可以看见世人的真面目。”只是时至今日，我们或许该感谢命运对他

鲁迅在北京师范大学演讲

的格外“眷顾”。假如生命无往而不灰阑，那么，唯一可取的生活态度便是直面这一灰阑并竭力抗争。这似乎是场注定失败的抗争，但一旦我们以反抗绝望的姿态走到了终点处的失败，我们便也确乎是胜利者了。一颗真正伟大而高贵的灵魂，总需站在这布满屈辱和不幸的人世间，以最饱满的悲壮激情眺望着未来。因此，我们所谓的“重返”便实在是一个前进的态度，一个人如果仅仅拥有童年时代的纯真美好岂不是显得太过贫薄了么？许多年后，鲁迅如此写：

魂灵被风沙打击得粗暴，因为这是人的魂灵，我爱这样的魂灵；我愿意在无形无色的鲜血淋漓的粗暴上接吻。漂渺的名园中，奇花盛开着，红颜的静女正在超然无事的逍遥，鹤唳一声，白云郁然而起……。这自然使人神往的罢，然而我总记得我活在人间。

于是我们确乎要感谢命运对他的格外“眷顾”，坠入困顿的陡峭途路、绍兴城里的粗暴打击终于使他站在了更为坚实而痛苦的大地上。他确乎决定要离开了，离开这个生养自己也施予自己无数伤痕的地方。然而是要到哪里去呢？科举是他所不愿的，祖父因它入狱，父亲也为它耗尽一生，还有那死去的同族叔父，还不够吗？那么便只剩下了当师爷或是做生意了。生意需要资本，家中无力支持。那么师爷呢？他摇了摇头，难道自己要在这一望可见到头的刀笔吏生活中度过庸庸碌碌的一生么？不。

然而他确乎决定要离开了，到别处去，去寻找另一类的人们，去寻找被绍兴城人诟病为畜生或魔鬼的人们，去寻找那真正的鲜花世界。

启程或是逃离都已无关紧要，少年终于要去往外面的世界了。

而外面的世界，早已发生了巨变。

二、南京岁月

少年击剑又吹箫，剑气箫心一例消。

——龚自珍《己亥杂诗·九十六》

我们每天都被包裹在柴米油盐、亲情、爱情编织而成的日常生活中，它们构成我们的直接经验。而对于另一些庞大而抽象的概念，比如国家，我们往往缺乏直接感知，只有在某些重大事件发生。例如外敌入侵或举办大型仪式之际，我们的想象才会被急剧凝结，国家体验也随即尖锐凸显起来。时间终于来到了让人不安的十九世纪末，在这世纪最后的几年里中国风云激荡，发生了许多大事。

首先便是甲午中日战争。1893年朝鲜东学党举事，朝鲜政府请求当时的宗主国清朝政府派军平乱，东党旋即解散。次年二月，党乱再起，日本以保护使领馆和商民为由与清朝同时出兵朝鲜。日本居于环太平洋地震带之上，地震频发，加之地狭人稠、资源全无，自古以来即有深刻的登陆情结，1592–1598年丰臣秀吉长达六年的侵朝战争便是这种情结最早开出的恶之花。明治维新之后，日本快速发展的工业化带来了对资源和市场的巨量需求，建立一个以日本为首的亚洲帝国的思想再度复活，为此1887年日本参谋部拟定了“征讨清国策”。

对日本军国主义者而言，1894年的朝鲜之乱无疑是又一个天命时刻，自然不容错过。于是，三百年后，依然起于朝鲜，中日两国再度相逢在了命运的巨大轮盘面前，但结局已经陡然转换。从1894年7月丰岛的小规模海战开始，先后经历平壤战役、黄海海战、辽东战役和威海卫之战等陆海决战，至1895年2月，中国失地无数，被洋务派寄予厚望的北洋舰队也全军尽墨，李鸿章被迫前往日本马关春帆楼谈判。4月17日条约画押，即《马关条约》，在众多条款中最为凶毒的一是割辽东、台湾和澎湖，二是赔款白银二亿两，超过中国全年财政收入的两倍。

正是这一纸条约，开启了中国数十年的悲运。此后，清政府饮鸩止渴，大肆举债，终至沦为洋人政府，而中国也如俎肉般被帝国主义列强瓜分。日本则以从中国攫取的巨款和资源发展实业、扩张军备，加紧对华侵略。所以也无怪乎签约消息从日本传来时中国人悲愤异常，以至于其时著名的愤怒青年、清末四公子之一的谭嗣同有如此悲慨之辞：

世间无物抵春愁，合向苍冥一哭休。

四万万人齐下泪，天涯何处是神州？

那曾经闳放阔大的神州啊，你去了哪里呢？我们——你的孩子——又该如何把你寻觅？

不过在中国近现代史上，谭公子最大的特写镜头却并不是一位痛哭神州的诗人，而是在1898年9月28日的北京菜市口。这一天他与林旭、杨锐等人作为戊戌变法的牺牲者被慈禧处死，后世称为“戊戌六君子”。

事情依然缘起甲午。1895年4月《马关条约》签订的消息传来，当时在北京赶考的广东举人康有为和其弟子梁启超邀集十八省举人一千二百余人作大规模的请愿，直陈惟有变法方能自强，这就是有名的“公车上书”。请愿受到朝野的普遍关注，康、梁等人随后创办学会和报刊，传播维新思想，呼告进行资本主义改良运动，大抵而言是要效仿英国、日本的君主立宪制，伸张民权却不实行民主，同时改革吏治、兴办工商路矿和科教。伴随着甲午战后日渐深重的民族危机，维新变法的思想在短短几年内风行全国，并得到光绪帝的注意和同情。1898年6月11日，光绪颁布变法上谕，“戊戌变法”正式开始。然而，当时的朝权掌握在垂帘听政的慈禧手中，她虽谈不上有什么政见，却热衷于揽权。慈禧与光绪嫌隙早深，此时又视维新变法是光绪帝争取自主的政变，因此更加势同水火。终于在9月21日，慈禧宣布训政，幽禁光绪，搜捕维新派，并推翻除京师大学堂外的所有新政，一切恢复旧观，是为“戊戌事变”。

在得到政变消息之后，谭嗣同以“中国的变法事业需要流血牺牲”为由留了下来，最终以“我自横刀向天笑，去留肝胆两昆仑”的慷慨言辞绝世而去，留给世人一个傲然背影。而他们推行仅103天的改良事业也在一片刀光剑影和淋漓鲜血间黯然落幕。

如果说甲午惨败是一个外敌带来的悲剧性时刻，戊戌的鲜血祭礼却是一个国人自己的悲剧性时刻。轰然有声，接踵而至的国家时刻终于点燃了中国人的热血，古老的东方帝国红光冲天。从此，民族和国家的命运裹挟着一颗颗年轻的心汹涌而前，迷惘是暗礁，屈辱是回旋，目的却唯有前进。变革是无论如何也挡不住了，神州大地处处搅动着求新求异求自强的风气。

偶然地，却又必然地，少年鲁迅走出了那狭小、僵死的绍兴城，走到了时代的巨流面前。

1898年，十七岁的周樟寿拿着母亲在穷苦中拼凑出的八元川资来到了南京，考取了江南水师学堂。之所以读军校，是因为偶然间获知有一个族叔祖周椒生在其中做监督，而且军校是不用缴学费的，每个月还给予少许赡银。于是决心离开绍兴的樟寿便给周椒生写了信，没想到事情却颇顺利，很快就入了学，并改名为树人。为了给江南水师输送人才，清政府在八年前建了这所学校，校址在南京下关仪凤门内。而1842年，正是在下关江面上，中国与英国签署了近代史上第一个不平等条约即《南京条约》。在这半个世纪之中，外国人的坚船利炮并未走远，中国人的昏聩、腐败却也一仍其旧。

树人刚进学校的时候被分入三班，卧室里是一桌一凳一床，床板只有两块。头二班的学生就不同了，二桌二凳或三凳一床，床板则有三块——还在学生时代，这些青年们便在制度的规定下复制了社会上严苛的等级制度，甚至连基本的生活需求也仿佛有了高低贵贱的差异。久而久之，这一等级制度就使得“高贵者”愈加傲慢自大而“低贱者”愈加自轻自贱起来。在课堂上，头两班的学生总是挟着一堆厚而且大的洋书，气昂昂地走着，只有一本英文初级读物和四本《左传》的三班生自然也是绝不可比的。哪怕是空着手，他们也一定是要将肘弯撑开，像一只螃蟹般缓慢地迈着步子，低一班的学生在后面便总不能够走到他们前面。

学校里原先有个池子，是给学生们学习游泳的，却因为淹死了两个年幼的学生，早在树人入学之前就填平了，上面还造了一座小小的关帝庙。庙旁是一座焚化字纸的砖炉，炉口上方横写着四个大字：“敬惜字纸”。旧时迷信人横死了会化作冤鬼，需要找同样死法的人做替代，这冤气才会散去。但池子已经被填平，这替代的人是难寻了，虽然已有“伏魔大帝关圣帝君”镇压着，却也总难以让人心安。于是每年的七月十五中元节，办学者总请一群和尚到操场来做法事。只见一个红鼻子的胖和尚戴上绣有毗卢佛像的帽子，手中捏着诀语，口中振振有辞：“回资啰，普弥耶吽！唵耶吽！唵！耶！吽！！！”树人总是不无黑色幽默地想自己的前辈同学死了一年就只有在这时候得到一点好处，所以做学生总得自己小心些。

在这样乌烟瘴气的氛围中，树人很快就只爱爬那高高的桅杆了。那时候一进仪凤门便可以看见水师学堂高达二十丈的桅杆，连乌鸦、喜鹊都只能停在它半途的木盘上。如果爬到顶端，近处的狮子山清晰可辨，而远处的莫愁湖也是可以眺见的，而且并不危险，因为下面张着网，即使跌下来，也不过像只小鱼儿落在网里；况且自从张网以后，也没有听说谁曾经跌下来过。在那段日子里，只有在桅杆顶端，树人才能凌风扬襟，大口呼吸着高空的清新气息，聆听来自远方的呼唤。

然而桅杆终究也不是天天能爬的，那乌烟瘴气却总是如影随形。有一天学校来了一位新教员，此人派头极大，总是趾高气扬的，却在一次点名中错把“沈钊”读成了“沈钧”。从此树人便和其他一些同学称呼这位教员为“沈钧”。官办的学校本来森严，对这等侮辱师长的事自然难以容忍，随即便给他们记了两大过两小过。课程也是极其简单而呆板，一星期中几乎四整天是“It is a cat”“Is it a rat”的简易英文，一整天是读汉文：“君子曰，颍考叔可谓纯孝也已矣，爱其母，施及庄公。”还有一整天是作论文，无非是《知己知彼百战百胜论》《颍考叔论》《云从龙风从虎论》之类的僵硬文章。

于是一年后，树人转而考到江南陆师学堂新近附设的矿路学堂去了。矿路学堂是时任两江总督的刘坤一提议设立的，目的是为将来的青龙山煤矿培养挖掘矿产和铁路输送方面的人才。这所学校的空气远较水师学堂平等，课程也因为挖掘煤矿的实用目的而显得更为开明。因为聘请的是德国教员，外文课变成了德文。汉文仍旧是“颖考叔可谓纯孝也已矣”，又新加了《小学集注》。论文题目则有不同，像《工欲善其事必先利其器论》就是先前没有做过的。此外还有格致、算学、地理、绘图和体操等课，他尤其对地质学和矿物学有着浓厚的兴趣，上课总是一丝不苟地记着笔记，课后又联系中国矿冶的实际情况在洋课本上详细批注——树人是个认真而聪明的孩子，总是不满足于对课本知识的囫囵接受。

第二年学校换了总办叫俞明震，是一位维新派人物，他坐在马车上的时候大抵是看着鼓吹维新的《时务报》的。考汉文的时候他也喜欢自己出题目，和先前教员们出的有了很大不同。有一次是《华盛顿论》，汉文教员们此前都没有听说过这位美利坚的开国总统，反而惴惴不安地来问学生们：“华盛顿是什么东西呀？”

看新书的风气便流行了起来。当时正是甲午中日战争之后的几年，许多人忧心忡忡于家国山河日渐深重的内忧外患。于是便有个福建人叫严复的翻译了英国生物学家赫胥黎的《天演论》一书，宣扬“物竞天择，适者生存”的道理。这本书1897

鲁迅

年在天津出版后随即掀起强烈反响，康有为盛赞严复“译《天演论》为中国西学第一者也”。开始入得新学堂奥的周树人自然对此书倾慕已久，于是特地在一个星期日跑到城南书店花五百文钱买了来。抱着那白纸石印的一厚本又匆匆跑回宿舍，树人迫切地翻开来，开首的一段就让他如醍醐灌顶般震颤了：

赫胥黎独自居身于英吉利南部的一间屋子中，背对群山，面朝旷野。屋外的诸般风物晴明可辨，如在目下。于是他遥想二千年前，当罗马帝国的大将军凯撒尚未到来之际，这里有些什么景物呢？大概唯有天地蛮荒、草木昏昧……

哦！原来世界上竟然还有一个赫胥黎坐在书房里那么想，而且想得那么新鲜？他赶紧继续读下去，一口气下来，“物竞”“天择”也出来了，苏格拉底、柏拉图也出来了，斯多噶学派也出来了。书看完了，树人也被其中华丽的文辞、雄辩的逻辑深深地打动着。是啊，物种是按照弱肉强食、适者生存的规律进化的，而国家社会也不正依循着这优胜劣汰的公理么？一代人自有一代人的生存境遇，一个固守着祖宗旧法的民族是毫无希望的，远的不谈，前些年的甲午惨败不正说明了这一点？而日本作为一个此前的蕞尔小国能够崛起于东方，不也正是因了那顺应世界发展潮流的积极变法么？进化、进化、进化，中国要保种图强便只能不断进化呵！自己先前所模模糊糊感受到的，竟然在这一本书中如此透彻地显明了。他简直想要大声呼喊出来了！

那时候学校还设立了一个阅报处，除了《时务报》外，还有《译学汇编》，那封面的四个字，在树人眼中看来便蓝得异常可爱。树人再也不愿花那么多精力用在绘图、算学上了，他没日没夜流连在《天演论》开辟的这一片新天地中，如饥似渴地阅读着触目所及所有的西学读物。树人的这一变化很快引起了周椒生的注意，作为一个科举出身的候补知县，他很不满意自己的后辈开口闭口兴奋地谈着什么赫胥黎和"物竞天择，适者生存"。他觉得有必要对这孩子施加一点警策。

"你这孩子有点不对了，拿这篇文章去看去，抄下来去看去。"周椒生严肃地对树人说，并且递过一张报纸来。树人接来一看，"臣许应骙跪奏……"原来是一位朝臣参奏康有为变法的。

对此树人自然并不在意，一有空闲，他依然沉醉在新学的世界里。饿了就随手抓过一个粗侉饼或是一把花生米，困了就嚼一只辣椒——他总是这样，把物质生活的欲求降到最低，却毫不吝惜地买了许多新书。矿路学堂的三年，一千多个日日夜夜，他便是如此在知识的海洋中饱食畅饮着，觉得很可满足。因为常常吃辣椒，胃痛便发生了。痛得剧烈的时候，他不吭一声，只是把肚子顶在抽屉角上，但手上的书怎么也不肯放下。

《天演论》惹起国人如此痴迷是很可以理解的。甲午战败之后，列强的侵凌日趋凶猛，渐渐掀起瓜分中国的狂潮。

反观当时的中国，仿佛患了精神分裂症，一方面是洋务派、维新派等多方尝试改良自救，另一方面盘桓了两千多年的封建守旧势力又死死拽住改良的步伐。新和旧的搏斗，使得老大的中国在新的世界潮流面前一步一徘徊，国运也终于一天天衰颓下去。而这四顾茫然的状态终于被一本《天演论》刺破了，它分明地宣布：进化乃是自然与社会存在之公理。其中的关键一步，是在于将达尔文的物种进化学说推演到了国家社会层面，一个国家、一个民族如果不进步，终究会像美洲红人和澳洲黑种般耗减直至灭亡。这一点，像箭一般击中了为民族命运而忧虑满怀的国人，因为几十年的中外交往史早已经蛮横地如此告诉了人们；这一理论还指明了唯一的出路：进化。很快这种混合了民族自强目的的进化论如野火一样烧遍了全国。当时有一位以文章闻名的进士吴汝纶读罢此书，大为激赏，以至于亲笔细字，把《天演论》一字不漏地抄录下来，藏在枕中。而日后在五四新文化运动中暴得大名的胡适那时候才十来岁，已被国文老师要求读《天演论》，并以“物竞天择，适者生存，试申其义”为题作文——甚至他的名字，也是按照“适者生存”来改的。

因此，我们可以说鲁迅是幸运的。在十七岁这个养成个性的重要关节，他从闭塞、卑琐的绍兴出走来到南京。很快，这个孤弱的少年便凭着自己的聪慧和坚韧触摸到了时代最先进的思想文化，在时代主潮的滋养下快速成长起来。从此之后，进化论成为他一个基本的思想因素，也成为日后他反封建的一个常规武器。

在很多时候，山河的不幸愈发能够激发出人们的慷慨情怀。“男儿何不带吴钩，收取关山五十州”，边关多警急，却正是驰骋沙场、建勋报国的好时机。在为新知而神魂激扬之余，周树人最爱的便是练习骑术，想象着有朝一日自己成为“白马配金鞍，连翩西北驰”的少年游侠。起初，他曾经从马上坠落，却仍然置头破血流于不顾，每天照例练习一两个钟头。到熟练些的时候，他便约陆师学校的同学一起租了马，跑到附近明故宫一带的旗营里去，同那些善于骑射的八旗子弟竞跑。但却每每遭了旗人小孩的詈骂和投石，因为他们觉得一个汉人是不配骑马的。有一次在竞赛中他甚至受到旗人的暗算，差点儿被刮断腿脚。但是这又何妨呢？真的猛士是敢于直面淋漓的鲜血的。于是，敌人越是凶恶，前途越是险峻，他越是要勇往直前。快马轻鞍，心中豪雄，少年的耳畔只有风。

在南京的岁月里，他曾经给自己刻过三枚图章：文章误我、戎马书生、戛剑生。

就在周树人快意地看新书、练骑术的时候，学校却经历了一个颇不安定的时期。进入矿路学堂的第二学年，树人和同学们听说学校就要裁撤了。这并不奇怪，这学堂的设立，本就是因为刘坤一听说青龙山煤矿赢利潜力巨大。等到开学的时候，煤矿那边却将原先的技师辞退，换了一个不甚了然的人来，理由是：一、先前的技师薪水太贵；二、他们觉得开煤矿并不难。于是不到一年，就连煤在哪里也不甚了然起来。到了最后，每天挖出的煤只能供那两台抽水机烧蒸汽用，于是就抽了水掘煤，掘出煤来抽水，算是收支相抵，结了一笔两清的账。既然开矿无法获利，矿路学堂自然也没必要开下去了。但不知怎么的，最后还是没有裁撤。到了第三年，树人和同学们下到矿洞去看的时候，只见到一片凄凉：抽水机自然还在转动，矿洞里的积水却有半尺深，上面也有水滴滴答答落下，几个矿工便在这里面鬼一般地工作着。

于是在这惶惶的情况下，大家都盼望着早日毕业。但真到了毕业，树人却又有些爽然若失。检点在南京的三年，他觉出有些茫无把握了。在水师学堂爬了几次桅杆，不用说自然是不配做半个水兵；又在矿路学堂听了几年课，下了几回矿洞，就能掘出金银铜铁锡来吗？这些事情又不像作一篇《工欲善其事必先利其器论》那么容易。爬上天空二十丈和钻下地面二十丈，结果还是一无所能，学问可算是“上穷碧落下黄泉，两处茫茫皆不见”了。

又到了离开和启程的时刻，这一次，少年又该何去何从呢？

三、别求新声于异邦

在任何地方都从来没有像在托尔斯泰作品中那样震撼人心地、真实而赤裸地出现过“精神的人”：在这里，不仅在世界诗歌中，而且甚至在世界艺术中，他都没有对手；无人可与他匹敌。

——梅列日科夫斯基《托尔斯泰与陀思妥耶夫斯基》

唱吧，高歌长啸吧，哦，查拉图斯特拉，用新的歌治愈你的灵魂：让你担负起你的伟大的命运，还从未有人担负过的这种命运。

——尼采《查拉图斯特拉如是说·康复者》

1901年，二十岁的周树人从路矿学堂毕业。

像大多数依旧温着象牙塔之内好梦的青年一样，周树人也经历着自己的迷茫。不过他很快便从这迷茫之中跳脱出来，以一等第三名的成绩考取了路矿学堂提供的公费留学名额，并于次年春东渡日本求学。不同于三年前离开绍兴时的冲动和偶然，这一次的决定有着更为深思熟虑的理由。那么多的日夜，他都为着《天演论》所开辟的新学而热烈而鼓舞。如今，他的眼光是早已改变了，无论如何，当他选择个人道路的时候始终会在意民族和国家的命运。

然而，我们的民族、我们的国家究竟应该如何走向自强？应该如何进化？这三年来自己看的还不够多吗，水师学堂里的“伏魔大帝关圣帝君”和法事、矿洞里鬼一般工作着的人……维新派死的死、逃的逃，短浅、功利的洋务派又能有什么成绩？也许在他们这里，新生的和老旧的倒不是殊死搏斗，而是“和谐”共生了，留下的却只是一片焦灼、蹒跚、晦暗的大地。

中国的希望在哪里？有光的世界在哪里？他总是如此问自己。在那首名为《自题小像》的诗中他如此写下：

灵台无计逃神矢，风雨如磐暗故园。
寄意寒星荃不察，我以我血荐轩辕。

心灵如被箭射中般无可逃脱，因为我的家园正居于风雨飘摇之中。寄托给天上寒星的一片孤心既然不被觉察，那么就让我用热血来献祭我们的始祖轩辕吧。

说是自题，实质却是一种激烈的心迹表白。这首诗写于二十岁，1903年在日本抄送给好友许寿裳，后来五十岁那年再次抄写，平生对它的重视可见一斑。说到底，“血荐轩辕”不仅仅是鲁迅一辈子不忘的初心，也是近现代几代知识分子共有的精神底色。

于是，他终于决定去更远处寻觅了，去找到真理的所在。和当时很多人一样，他首先把目光投向了那个迅速崛起、骄横却令人敬畏的东方邻居——日本。

为何经过短短三十年的学习西方，这个弹丸小国却能一跃而起成为东方强国，使曾经享有无上荣光的天朝一败涂地？中国的出路何在？山河陆沉，国难日深，如何能快速而去粗取精地学习西方先进文化？带着这些困惑，甲午之后，“留学日本”迅速成为一个时髦词汇。为什么是日本？那时候张之洞有一篇有名的《劝学篇》，除了申说进入中国古典学术的门径之外，还在《游学》一章中极力倡导出洋留学，尤其阐明了赴日之特别有效的理由，用今天的话来说就是：

日本不过是一个小国，为何能如此迅速地崛起呢？伊藤博文、山县有朋、榎木武扬等人，都是二十年前出洋留学的学生。他们悲愤于自己的国家被西洋所胁迫，率领门生弟子一百多人，分别去到德、法、英等国，有的学政治工商，有的学水陆兵法。学成后他们纷纷回国，出将入相，于是日本的政事为之一变，从此雄视东方各国……至于游学的国家，我以为西洋是不如东洋的。首先，中国与日本一衣带水、隔海相望，路程近费用便简省，可以多派遣学生。其次，因为两国相距近，还方便对留学生进行考察。再次，日文与中文亲近，更容易掌握。最后也是最重要的，西洋的书非常繁杂，而其中凡是无法切中西学核心的书籍，日本人都已经删减或酌情修改了；中日两国情势、风俗都很相近，容易仿行，如此事半功倍，实在是再好不过了。

这篇文章很快被清政府颁行全国，可见赴日留学已成普遍认可的救国之道。甲午次年即1896年，清政府就派出首批13人公费留学日本。此后，公派、自费留学生络绎不绝。戊戌变法失败后，康有为和梁启超携其部分同人流亡日本，孙中山、章太炎等革命派也随后到来，这批人中的很大一部分都成为留学生，留学生数量得以激增，到1906年竟接近八千余人，这在世界留学史上也是极为罕见的。这样的风潮之下，在南京已经深受进化论影响的周树人选择负笈东瀛也就是一件顺理成章的事。

弘文书院是1902年1月日本著名教育家嘉纳治五郎创建的，是专门为中国留学生提供速成教育的一所学校，校址在东京西五轩町。伴随着中国学生的大量到来，它很快成为留学生的大本营。当时的中国留学生很多是各省自行选派而出，加之去国久远，乡党间相同的语言文化和风俗习惯自然成为羁留异乡者固结友谊、相互慰藉的重要寄托。因此，当时弘文书院也是按照地域分班，有湖北普通班、四川速成师范科班、北京警务科班等。因为从南京考过来，周树人被编入江南普通班，学制两年，主要学习日语和中等程度科学知识，为日后升入高等专门学校做准备。由于此前已有声光电化等自然科学知识的初步积累，课程于他而言倒也颇为轻松。

不过怀着“神州何处”和“血荐轩辕”之心横渡烟波而来的中国留学生们显然也无法安于三尺书桌。救国的壮怀和悲切勾兑上青年人特有的狂放意气，或许还得加上身居他乡的苦闷，一壶壶高烈度的浓酒随即酿成，让人一饮之后血脉偾张。当时日本留学生界各路人马汇聚，思想上尤其以康、梁的立宪改良派和孙、章等人为首的革命派相互激荡为盛。维新变法的失败使国人认清了清政府的腐朽反动，然而此时的康有为、梁启超却依然守着他们“君主立宪”的幻梦，在与革命派的论战中逐渐沦为“保皇派”。而革命派则首先祭起了“排满”的大旗，一如1894年孙中山在夏威夷成立兴中会时的宗旨“驱逐鞑虏，恢复中华”——不管怎样，在当时民族矛盾日趋尖锐的情况下，这确实是一个凝聚人心的好策略。就在周树人踏上日本国土不久，著名国学家章太炎就策划了一个爆炸性事件。1902年4月26日——这一天是明末崇祯皇帝自缢北京景山的忌日——“支那亡国二百四十二周年纪念会”在横滨召开，章太炎发表了先行拟就的《宣言书》。《宣言书》陈词激烈，谴责了满洲贵族入关时的暴虐，号召留学生勿忘明末清初郑成功、张煌言等人的抗清遗志，呼吁“使忘却的旧恨复活，助革命成功”。这次纪念会的影响极大，香港的《中国日报》接到《宣言书》后立即公开发表，海内外的革命分子无不感奋。于是，革命的浪潮澎湃而至，席卷了整个东京留学生界，很多激进留学生甚至直接改名为“扑满”“打清”等、

跟周树人同时进入弘文书院的有一个叫杨度的湖南人，来日本后思想渐趋激进，以至于在师范速成班的结业会上与嘉纳治五郎当场就国民性和教育问题展开激辩，起因是后者发表了有辱中国留学生的言论。更不用说其他如黄兴、吴稚晖等人则更是有名的革命分子。置身于这种同气相求的狂热氛围中，年轻的周树人自然也受到影响。他不仅很快就把辫子剪了，还以“revolution”（革命）之名为自己起了一个新的笔名——迅行。然而，大概是因为少年时代家道中落而尝尽人情冷暖的苦涩，面对人性他总是保持着深刻的敏感、警惕和狐疑。惯于沉默的性格使他得以很快远离那些浮躁而廉价的流行思潮，更何况亲眼看到那么多潜藏在革命外衣之下真实的伪诈和狡黠呢？

不过，大海彼岸的祖国依然构成永远的召唤，两千余年的专制，国民的愚昧和麻木，积贫积弱却魂牵梦绕的那块大陆啊……自己夙夜所思所苦的不也正是它的日新月新么？改变。是的，它需要改变。但又该如何改变呢？康、梁等人

鼓吹的保皇立宪显然已无可能，六君子的喋血还不足以证明么？那么，便该是孙中山、宋教仁和大部分留日学生所主张的会党、暗杀吗？但暗杀几个亲王和都督就能改变中国么？两千多年来大部分朝代不都是通过杀戮而实现更替却最终又重新陷入循环的么？暗杀之后难道那些冷漠、残酷的人——比如自己逃离而出的绍兴城中的那些面目可憎的人们——难道就会改变么？不会。那么，重要的便无疑是做普遍的呼唤以改变人们贫薄的灵魂。

就这样，他步入了一条更为深沉而更显寂寥的思考小径。如果说，时髦的激进思潮是向外扩张，主张激烈的行动；他所走的路却更多是向内探求的。就像日后他为自己取的那个奇拗的笔名——“鲁迅”：缓慢、滞涩，却也是另一种疾风骤雨般的致命动荡。而伴随着这一疾风骤雨而来的是邂逅拜伦、雪莱、尼采、托尔斯泰等人的狂喜，正是在对西方哲学、文学著作的狂热阅读中他迅疾地行走着。

1904年，又遇毕业季，这一次又该往哪里去呢？文学和哲学只是平日里的兴趣，毕竟是无法作为专业的，那么是否应该按照之前的计划入东京帝国大学的采矿冶金科呢？但不是刚听说帝大的日本学生怕中国学生抢走他们的名额而极力阻扰么？况且帝大颁发的毕业证书也确实印有“清国人”三字——这实在是让人气愤而厌恶的。

他突然想到学医。还在南京的时候，他就在矿路学堂看到过木版的《全体新论》和《化学卫生论》之类的书，想起少年时代自己周旋四年的“名医”们开的药方，他渐渐悟到，中医不过是一种有意无意的骗子罢了，因此对被骗的病人和他的家族存了很大的同情。他还从翻译来的日本史书中获知了日本明治维新大半是发端于西方医学的事实。

那么便学医去吧！况且他目睹随着中国学生数量的激增，东京留学生界越来越泥沙俱下，大部分人饱食终日，却旷课成风。上野的樱花时节固然是好的，花下却也缺不了成群结队“清国留学生”的速成班。他们头顶上盘着大辫子，把那学生制帽顶得高高耸起，形成一座座富士山。也有解散了辫子，盘得平的，把帽子摘下来，油光可鉴，宛如小姑娘的发髻一般，却偏还要将脖子扭几扭，真是“标致”极了。至于中国留学生会馆呢？白天尚好，一到傍晚，有一间洋房的地板便常常不免要咚咚咚地响得震天，于是整个会馆便烟尘斗乱了——那是留学生们在练习跳舞了。至于出入勾栏酒肆、寻花问柳之徒，便更加可观了。

那么便学医去吧！树人的梦是很美满的：他准备毕业回来，救治像父亲那样被“医者意也”所误的病人的疾苦，战争的时候便去当军医好了，同时还能促进国人对于科学和维新的信仰。多好呵！

就这样，他决定要到远离东京的仙台医学专门学校去了。

仙台，日本东北部的一座临海小城，此前尚未有过中国留学生，以至于周树人还没有抵达便已经惊动了当地媒体。六月抵校，无意于这座美丽小城的温泉和枫叶，他很快投入到紧张的解剖学、组织学、物理、化学等课业的学习中。

解剖学由两个教授分任，最初是骨学。到了上课的那天，只见一个黑瘦的先生走进教室，八字须，戴着眼镜，挟着一叠大大小小的书。一将书放到讲台上，他便用了缓慢而很有顿挫的声调，向学生介绍自己："我就是叫作藤野严九郎的……。"于是就有后排的几个学生笑了起来，他们是上学年不及格的留级学生，对学校掌故很是熟悉，下课便给新生讲每个教授的历史。这藤野先生，据说是穿衣服太稀里糊涂了，有时竟然会忘记打领结；冬天则是穿一件旧外套，寒颤颤的，使得有一回坐火车，管车的疑心他是扒手，叫车上的客人小心。于是树人就注意到，他确实有一次上讲堂没有打领结。

过了一星期，这藤野先生却派了助手来叫树人了。走到实验室，只见他坐在人骨和许多单独的骨头中间。

"我的讲义，你能抄下来么？"他问。

"可以抄一点。"

"拿来我看！"

于是树人交出了自己所抄的讲义。不久，他便归还过来，并且说，此后每一星期要送他看一回。树人将讲义打开一看，很是吃了一惊：原来他的讲义从头到尾，都被用红笔修改过了，不但增加了许多脱漏的地方，甚至连文法的错误也都一一被订正了。树人感到既不安又感激，不安于自己太不用功，感激在异国他乡遇到待自己如此好的师长。后来，藤野先生便一直帮助树人直到教完自己担任的所有课程：骨学、血管学、神经学。

学年考试过后，树人跑到东京去玩了一夏天，初秋再回来的时候，考试成绩早已公布了。在一百多个人中，他的成绩属于中等，没有一门是不及格的。然而他不知道，周围人对自己的猜忌和不满已经如暗潮般涌动起来。

一天，年级里的学生会干事来到他的公寓要借阅笔记，谁知只是翻检了一番便归还给他。但他们一走，邮差送来一封匿名信，第一句话赫然便是："你改悔罢！"这是《新约》上的句子，却经托尔斯泰新近引用过的。当时正值日俄战争，对于这场日俄为争夺势力范围在中国土地上爆发的战争，托尔斯泰持一贯的反对态度，便写了一封给俄国和日本皇帝的公开信，起首便是这一句。日本的报纸都很斥责他的出言不逊，爱国青年们也都愤愤然，没想到暗地里却受了他的影响，学了这句话用在自己身上了。于是，树人这才想起来前几天召开年级大会时，干事在黑板上写下通知，最后一句话是"请全数到会勿漏为要"，而且在"漏"字旁边画了一个表示强调的圈。他当时虽然觉得圈得可笑，却毫不介意。现在才明白那是影射藤野先生给自己漏了试题，否则一个来自清国的低能儿考试如何能过得了关呢？

流言。如蛇咬虫噬般的流言。多么熟悉呵，自己当初不正是被它逼得逃离家乡吗？他想，自己或许来到了一个坎：要么抗争到底；要么继续逃离，然后永远畏于流言。他选择抗争。除了将事情告诉藤野先生外，他还和几个为自己鸣不平的同学一同去诘责干事托辞检查的无礼，并且要求他们将检查的结果发表出来。什么也没检查出来的干事于是只能认错。

流言消灭了，但很快树人又迎来了一场更大更迅疾的风暴。

在细菌课上，老师常用新买的幻灯器来放映细菌的形状图，一段落结束而还没有到下课的时候，也放一些日俄战争的幻灯片，自然都是日本战胜俄国的情形。但偏偏却有中国人夹在里面：一个被蒙着眼的据说做了俄国侦探的中国人跪在地上，旁边的日本军人已经挥起刀，周围观看的一大群中国人面无表情……

耳畔忽然哄然响起掌声和欢呼声："万岁！"

震惊、愤怒、羞愧，五脏俱损……这一间小小教室中的欢呼此刻却无异于五雷轰顶。他才想到，自己不也是夹在一群日本人中的一个中国人吗？不也是一个同胞被杀时的看客吗？呜呼，无法可想!

二十五岁的周树人再次来到了生命的路口。不想逃离却不得不逃离，决心抗争却无从抗争……总之他是要再次离开了。逃离或是启程已经无关紧要，只是这一次，他将要做出的是最为严肃的选择。

这一学年尚未结束，树人就去找到藤野先生，告诉他自己将不再学医，并且将离开仙台。他的脸色仿佛有些悲哀，似乎想说话，却竟没有说。

“我想去学生物学，先生教给我的学问，也还有用的。”其实他并没有决意要学生物学，只是看着先生的凄然，便说了一个安慰的谎话。

“为医学而教的解剖学之类，怕于生物学也没有什么大帮助。”他叹息说。

树人无言，只能默默告退。

将走的前几天，藤野先生把树人叫到自己家中，交给他一张照片，后面写着两个字“惜别”。

三月底，同学们发现周树人已经多日未来上课，才发觉他已经默默走了。带着美丽和希望而来，又带着满心的伤痕离开，仙台或许从来也没有觉察出这位中国青年的凄凉心境。

只是这位异国青年终其一生都在感怀着藤野先生对自己热切和厚待。1926年——那时候他已经成了自己国度最知名的作家——他专门写了一篇文章纪念这位老师。文章的末尾如此写道：

我总还时时记起他，在我所认为我师的之中，他是最使我感激，给我鼓励的一个。有时我常常想：他的对于我的热心的希望，不倦的教诲，小而言之，是为中国，就是希望中国有新的医学；大而言之，是为学术，就是希望新的医学传到中国去。他的性格，在我的眼里和心里是伟大的，虽然他的姓名并不为许多人所知道。

他所改正的讲义，我曾经订成三厚本，收藏着的，将作为永久的纪念。不幸七年前迁居的时候，中途毁坏了一口书箱，失去半箱书，恰巧这讲义也遗失在内了。责成运送局去找寻，寂无回信。只有他的照相至今还挂在我北京寓居的东墙上，书桌对面。每当夜间疲倦，正想偷懒时，仰面在灯光中瞥见他黑瘦的面貌，似乎正要说出抑扬顿挫的话来，便使我忽又良心发现，而且增加勇气了，于是点上一枝烟，再继续写些为“正人君子”之流所深恶痛疾的文字。

1906年春，周树人回到东京。从幻灯片事件开始他便已经明白，医学并非一件紧要的事，凡是愚弱的国民，即使体格如何健全，如何茁壮，也只能做毫无意义的示众的材料和看客，病死多少是不必以为多么不幸的。所以，第一要紧的事，是在改变人们的精神，而善于改变精神的当然要首推文艺。就这样，从水师到矿路到医学，辗转多年，他终于笃定了：自己的使命在于提倡文艺运动。无论是学医或是从文，于他而言都是站在爱国的民族主义立场上做出的生命选择，这在南京就已奠定了基调。

然而，就在他预备以饱满的情绪奋力前行的时候，却接连收到母亲的来信，说是病重，催促他立即返国。什么病呢？一个字也没说。无奈的树人只好启程回国，等待着他的却是一场突如其来的婚姻。原来当时绍兴城有这样一种流言，说周树人已经同日本女人结了婚，并且有了孩子，常常携着儿子在东京街头散步呢。听到流言的鲁瑞大为惊骇，树人与同郡朱家的安姑娘是早已订婚了的，怎么能负心呢？于是一边准备笼头一边抱病召远在异国的长子回来完婚。面对自己所厌恶的包办婚姻，树人并不是没有想到过反抗。但一想到母亲憔悴、悲戚的面庞他就心痛不已，这个中年丧夫的老妇人，儿子的背叛对她的打击将是致命的。于是他最终还是顺从了。但妥协的婚姻又有什么幸福可言呢？它只不过是两个家族的不幸罢了。自己不是决心改造国人的灵魂么？而首先需要改造的又恰恰是自己——自己的灵魂中住着多少封建礼法的鬼魅呵！树人只在家待了四天便返回日本，还带着二弟作人同行。

回到东京后，周树人开始专心从事文艺运动，第一件要做的事便是创办文学刊物。在他看来，要搞文学运动，必须拥有自己的阵地，这样才能齐聚同志，组成一支改造世界的联军。刊物取名为“新生”，意思是要追求新的生命，英译名则是“文艺复兴”，首批撰稿人除了自己和作人，还有许寿裳、袁文薮、陈师曾、苏曼殊几位。恰好又有人答应垫付杂志的付印资本，于是最头痛的问题也解决了。然而等到封面、插图都准备好了，作人稿子也送来交由自己誊清了，另外几位撰稿人却交不出稿子，更要命的是钱也逃走了，只剩下不名一文的三个人。于是，一场迅速长出来的好梦，就在这茫不知其所以然中迅速地破灭了。

然而青年人的好处便是可以不断做梦，又有哪个先驱者的路途是平坦无歧的呢？或许世上本没有路，走的人多了也就成了路。他们很快开始了另一项计划。在筹办《新生》的时候，他们就计划翻译几篇外国小说，此时便着力将这一计划扩大。他们的方针是重点介绍弱小民族的文学，支点在北欧、东欧和俄国；至于译法，由于不满意林纾的误译，便统统采用直译和硬译，以达到对原作的忠实。1909年2月，《域外小说集》在东京出版，署会稽周氏兄弟纂译，共两册，收入短篇小说十六篇。这些作品大都透露着来自底层的苍凉，要么揭露了本国内部势力的腐朽统治，要么鞭挞了帝国主义列强的侵略暴行——无疑，周氏兄弟的用心在于用全世界弱小民族的叫喊和抗争来促进中国自身的反封建反帝国主义斗争，来为当时革命的青年们提供些鼓舞和安慰，而中国文学也为这世界文学新气象的引入而不再有迟暮之感。不过很快，噩运再次扑面而来。这本作为《新生》生命之延续的小说集子，境况并没有比前者好太多。书是在东京和上海两地寄售的，半年后首先去东京寄售处结账，总计第一册卖去二十一本，第二册是二十本。第一册为什么多卖了一本呢？原来他们担心寄售处额外涨价，便亲自去多买了一本。于是他们确知书的噩运了。果然，上海的销售情况传来，也只卖出二十册左右。更悲惨的是，后来寄售处失了火，存书和纸版一同化为灰烬。

一支箭射入了无尽的黑暗中。当二十九岁的周树人遥想着海之彼岸的那场大火时，心中是否一瞬间会有梦被烧光的感觉呢？在这条自己选定的文艺路途中，他实实在在地感受到寂寞的噬咬了。凡是一个人的主张，得到了赞和，是促成他前进的；得到了反对，是促成他奋斗的。然而当他呐喊于人群之中，人们却并无反应，既没有赞同，也没有反对，就像置身于无边无际的荒原般手足无措，这是怎样的一种悲哀！

好在这时候他的周围也并不是那么寂寥。早在他返回东京不久，革命团体光复会的实际领袖陶成章和他的流亡者朋友便经常来到树人的住处拜访。他们总是坐到大间里，泡一壶茶水，便开始就中国的革命形势讨论起来。树人也是爱发言的，指点江山，意气豪发，讲到激烈处还往往与别人争辩起来，常常需要许寿裳从中调解。不过，这倒愈发引起了这批职业革命家对这位沉静却又不失豪侠勇武之气的文艺青年的信赖。后来陶成章为了躲避日本警察的监视，还曾把光复会的会章、票布等机密文件临时委托树人兄弟保管。

除此之外，由于素来敬重章太炎先生的革命情怀，有一段时期周氏兄弟还和钱玄同、朱希祖等人一齐到《民报》旧社址听先生讲授《说文解字》。《说文》是中国第一部汉字字典，也可以算是要窥得古典学术堂奥的第一步。而章太炎呢，虽然在政治上是一员革命猛将，在学术上却是出了名的保守派。作为一代国学宗师的他学识精深自不必说，上课也风趣洒脱，加之旁征博引，古今中外、天文地理、风土人情、传闻轶事无不旁涉，上他的课可真是快活极了。虽然开班不满一年，但终其一生，鲁迅都对太炎先生执弟子礼。更为重要的是，由着太炎先生的指引，他打下了较为扎实的国学底子，并且注意到祖国传统文化的某种魅力。而这段经历也影响了他日后的文风：他常常会在行文中加入一些古僻的字眼从而形成一种陌生、兀然的独特气质。

不过日本时期浇灌他最多的依然是来自外国文艺的养料。他倾心于拜伦、雪莱、普希金等恶魔派诗人，也格外注意到波兰、匈牙利、希腊、菲律宾等弱小民族的文学，但要论受影响最深者恐怕非托尔斯泰和尼采莫属。

托尔斯泰，一位来自北方俄国的巨人，他的作品总是在周树人心中激起强烈共鸣。他几乎将托尔斯泰所有的日译作品搜寻来读了个遍，在那其中有着怎样广阔的人性呐，它们来自天堂、地狱和人间，相互缠绕，超凡绝伦。而作者的一生，更是他笔下那些“精神的人”的最精彩注释，在经历了无数的迷惘和清醒、奋斗和苦闷、呐喊和彷徨的苦斗之后，托尔斯泰走向了生命的皈依：他背叛了自己的贵族生活，弃绝奢华，与农民共事稼穑，甚至在晚年散尽所有家财，站在农民的立场上批判一切战争和非人道的行为。这位绚烂而慈悲的精神贵族令年轻的周树人一次次心驰神往。

而作为西方现代思想史上最独具魅力的疯狂哲学家，尼采对树人所造成的则可以算是地震、海啸、火山爆发般的冲击了。仿佛是一位天生的叛逆者和破坏者，尼采石破天惊地宣称西方文明到了现代社会早已病入膏肓，是时候“重估一切价值”，用“恶”的意志去砸碎旧世界的道德了。他一方面攻击古希腊苏格拉底“爱智慧”式的理性传统，另一方面又痛斥基督教的人格上帝，理由只有一个：它们都极大地束缚着人的自由发展。在他看来，生命的本质在于完全自我的意志和生生不息的欲力。如果生命注定是绝望的，那它唯一的意义就在于用热血和铁锤去反抗这绝望。如此这般用强力意志去反抗生命悲剧的人才是尼采所呼唤的超人，由此绝望才会翻转为希望，并最终获得极致的大欢喜。

然而这叛徒却绝非暴虐冷血之徒，在砸碎一切的疯狂呼叫之下的，是一颗深情的灵魂。晚年的一天，尼采在街头远远看见一个马夫狠狠地抽打着一匹不肯走动的老马。伴随着马夫的呵斥声，扬起的长鞭一次次重重地摔在了马背上。终于，它倒在地上，抽搐着巨大的身躯，而恼怒的马夫却并未停止手中的鞭子。尼采冲了过去，抱着老马泣不成声……说到底，他始终深爱着那痛苦的大地，以及大地上的一切生灵。

可以想见，这一切对那位，辗转多方、屡战屡败的年轻人会形成怎样的魔力。中国人的灵魂！不正是需要敲打的顽石吗？而正在经历着“数千年未有之大变局”的此刻，不正是需要重估一切价值吗？未来的世界所需要的不正是那拥有着不拘生命意志的超人吗?

留学生刊物《河南》1908年刊发了一篇文言长文《摩罗诗力说》，在文中周树人首先便引用尼采认为野人（超人）中蕴含着新力的观点，认为世界的所谓文明古国如印度、希伯来、伊朗、埃及发展至今大抵暮气沉沉、一如死海，而反倒是俄国有果戈里能够“以殊特雄丽之言，自振其精神而绍介其伟美于世界”。由此，这篇文章主要评介了拜伦、雪莱、普希金、莱蒙托夫、裴多菲等八位摩罗派诗人的生平事迹，极力赞扬他们雄桀伟美的文辞和高蹈扬厉的反抗精神。所谓摩罗诗人，实则是19世纪上半叶崛起的一批浪漫主义诗人。由于他们的诗篇太过惊世骇俗因此被称为摩罗撒旦。由此树人领悟到：“地球上最为强大的人，正是那最为独立自由的人。”然而，这篇文章的目的绝非仅仅只是介绍，而在于别求新声于异邦，倡导国民精神的发扬。他疾呼道：

今索诸中国，为精神界之战士者安在？有作至诚之声，致吾人于善美刚健者乎？有作温煦之声，援吾人出于荒寒者乎？家国荒矣，而赋最末哀歌，以诉天下贻后人之耶利米，且未之有也。非彼不生，即生而贼于众，居其一或兼其二，则中国遂以萧条。

鲁迅

纵然有了精神界的战士，他也不免在那庸众横行的世界里受到戕害而最终沦落了吧！唯有唤起庸众，让每一个人都成为培育精神界战士的土壤，才能为中国的维新奠定真正的希望。

而在同年的另一篇文章《文化偏至论》中，他认为物质并不足以彰显人生的本质，西方工业革命之后人唯物质世界是趋，而精神旨趣则流于平庸，由此才有了摩罗诗人们的呐喊抗争。继续由尼采的超人思想出发，他指出重要的应当是灵魂的张扬：如果每个人的精神都是刚健有为、自强不息的，那么国家自然也将兴旺发达。在文章的末尾他明确地祭出了“立人”的大旗：

是故将生存两间，角逐列国是务，其首在立人，人立而后凡事举；若其道术，乃必尊个性而张精神。

正是在这里，他在中国现代思想史上呼喊出了振聋发聩的第一声：重要的既不是拜物教的人，也不是处于君臣、父子夹缝中的所谓君子，而是具有张扬个体性灵的现代人。

正是这一声呐喊，标志着他终于完成了那漫长而艰辛的铸剑事业——大写的“人”——从此，“戛剑生”名副其实。

回顾他在日本的多年居留，不禁让人感慨万千。1901年赴日留学固然仍是受着社会风潮的影响，但在此后的日子里，他却在星光和血影中孤独地探索着属于自己的道路。如果说，

“血荐轩辕”时的周树人更多的还是一腔家国愁绪惹起的悲切慷慨，而居于狂热革命分子之间的周树人在处处犹疑中走入了漫长而孤独的思考小径；那么，1908年的他则终于走到路口。在这个路口，他抬头看见一块巨大的路牌——“人”，而这也终将成为他日后横扫一切牛鬼蛇神的致命武器。由此我们可以说，八年的日本求学岁月实在是周树人走向鲁迅的最关键一段，此时距他归国的日子已并不遥远。

周树人旅日生涯中还发生了一件大事。1905年11月2日，日本文部省出台了《取缔清国留学生规则》十五条，勒令次年元旦起施行。这些规则很快引起中国留学生界的注意。

尽管日文中“取缔”有管理、约束之意而不必然是取消，但这些严格的规定还是引发了越来越多的不安。尤其第十条几乎是陷阱条款，该条规定学校不得招收其他学校以品行不端的理由退学的学生，而对“品行不端”的解释和界定模糊不清，基本全由官方决定。

日本文部省颁布这规则的真意也确实并非为了取缔“品行不端”的学生而已。当时留日学生人数已接近八千人，这些学生中尤以自费生为多，而随着革命形势的扩张，这些自费生又大多成为革命派。对于清政府而言，派遣学生留日虽属必要，但正是留日学生群体成为海外革命势力的中心，因此不得不视之为心腹大患。尤其是1905年8月，三个最活跃的革命团体——兴中会、华兴会和光复会竟然在东京团结起来，成立中国革命同盟会。这样一来，本就神经过敏的清政府更加坐立不安，请求日本政府对留日学生特别是自费生加以监督管理。当时正值日俄战争结束，中日在北京进行新条约的交涉。于是日本政府投其所好，颁布了取缔规则，这“品行不端”的陷阱正是剑指革命学生。

很快，留日学生洞察了中日政府的狼狈为奸，随即展开了反对运动。他们首先拜访了驻日公使杨枢，请求加以反对。然而，11月26日在中国留日学生就读的学校一律张贴了告示，“限令各生于二十九日前呈报其原籍、住址、年龄、学历等，若逾期不报，则对该生不利。”全面的反抗运动随即发酵。12月4日，弘文学院向各校发出集体罢课的倡议书，得到众多响应。为了避免因为放荡游逸留给日本政府口实，激进的留学生还组织了以革命派自费生为核心的纠察队，准备对敢于破坏罢课的学生实施铁腕政策。

正当形势渐趋激烈的时候，忽然传来了湖南学生陈天华蹈海自杀的消息。陈天华（1875—1905），字星台，亦字过庭，别号思黄，湖南新化县人。1903年，陈天华获官费留学日本，入弘文书院师范科，先后撰写《猛回头》和《警世钟》两书，揭露帝国主义列强瓜分中国已迫在眉睫，指出清政府已成为洋人的朝廷，号召进行革命，引起巨大反响。同年冬天他秘密回国，在长沙与黄兴、宋教仁等人成立华兴会，并到江西策动军队起义。次年春，因起义败露，再度亡命日本，入法政大学。

1905年成为同盟会的重要创会会员。取缔规则事件刚起时，他并未有太多活动。直到12月7日，当《朝日新闻》发表报道，指责文部省的命令乃是“清国人特有之放纵卑劣性情所促成，惟其团结之力则颇为薄弱”时，他被重重地刺激到了，当晚便伏案疾书，直至深夜。8日，吃过早饭后，他向友人借得两元钱，出门而去，在芝区御门前邮局将昨夜写好的遗书寄给清国留学生会馆总干事杨度。当日下午约六时，有人在距离大森海岸东滨约百米的海上发现一具男尸，从其口袋中找到挂号信的收条，于是致电留学生会馆。第二天，陈天华蹈海一事已经为中国留学生所尽知。在遗书中陈天华仍对《朝日新闻》所用“放纵卑劣”四字耿耿满怀：“鄙人心痛此言，欲我同胞时时勿忘此语，力除此四字，而做此四字之反面，坚忍奉公，力学爱国，恐同胞之不见听，而或忘之，故以身投东海，为诸君之纪念。”听闻其事迹的留学生无不感动，正如黄兴后来在这封名为《绝命书》的信所作跋文中写的：“一人宣读之，听者数千百人，皆泣下不能仰。”

青年人本是善感而热血的年纪，平时或许隐而不发，但陷身于如此境遇中，又遇到同志如此动人心魄的死谏，难免愈加忧愤激昂起来。眼泪催生了仇恨，仇恨再度催生出更加决绝的行动。自己本是因为厌恶本国的专制而誓要推翻它，如今又何必留在此地遭受异国的专制呢？于是，留日学生终于决心集体回国，13日便有首批三百余人启程。然而正当集体归国如火如茶之际，另外一批留日学生却在东京组织了“维持留学界同志会”，主张为了国家前途，忍辱负重，继续学业。

由此，留日学生中产生了两个对立的派别：归国派和复课派。双方爆发了激烈的笔战，陆续发表了充满火药味的意见书和声明，往往是一方的海报刚刚贴上墙壁，马上就被反对的一方撕下烧毁。这两派的论战同样延伸到了浙江同乡会的一次集会上。秋瑾率先发表演说，敦促同胞回国，在有人表示反对后她从靴筒里拔出短刀，怒喝道：“谁敢投降满虏，欺压汉人，吃我一刀！”刚刚趁着假期从仙台回到东京的周树人也应邀出席了这次会议。秋瑾他是熟识的，这位惯穿男服、有女侠之名的年轻女性和另一位著名的革命者徐锡麟都是绍兴人，三家相距不远，走路也就是片刻工夫。但他却并没有选择与他们同道。为何要放弃官费条件贸然回国呢？回国后又该如何行动？面对激进的行为他总是有太多犹疑。会后，他掏出一元钱捐给了“维持会”。而秋瑾则于第二年年初与两千余位留学生归国，先是在上海创办中国公学，其后则矢志革命，联络会党，发展会员。

一年后的七月，消息先后传来。先是徐锡麟，在安庆刺杀安徽巡抚恩铭，率领学生军起义，攻占军械所，激战四小时后被捕，次日慷慨就义，死后被清兵掊心食肉。而后是秋瑾，因为与徐锡麟约定在安徽、浙江同时起义，后事情泄漏被捕，两天后在绍兴古轩亭口就义。

秋风秋雨愁煞人。面对死亡，周树人再次陷入了沉默。十一年之后，他在自己的第一篇小说《狂人日记》中控诉他所面对的吃人社会：“从盘古开天辟地开始，一直吃到……吃到徐锡麟！”而在《药》中，秋瑾则成了那个先行的流血者夏瑜的原型，被革命的看客取了鲜血涂在馒头上治疗肺病。

在自己一生文学事业的真正开始，鲁迅没有忘记选择不同道路的两位同乡，他的心中定然有复杂的滋味吧，毕竟他也曾经被派去暗杀最终却推卸了使命。那还是在与陶成章等光复会成员亲近的时候，常常表现出激昂壮怀的他自然被引为同志，于是便有回国暗杀清廷某要员的任务下来了。他当时接受了，可临动身时，他又去找那布置任务的人：“如果我被抓住，被砍头，剩下我的母亲，谁负责赡养她呢？”一个刺客却如此思虑重重，这是让人扫兴的，于是任务最终取消。他固然很爱自己的母亲，但这思虑之中恐怕也有些别的原因。否则便很难说明多年后他还一而再再而三地向许广平解释：“革命者叫你去做，你只得遵命，不许问的，我却要问，要估量这事的价值，所以我不能做革命者”，“我看事情太仔细，一仔细，即多顾虑，不易勇往直前”。有一次许广平问他对暗杀的看法，他回答说：“一，这不是少数人所能做，而这类人现在还很多，即或有之，更不该轻易用去；还有，是纵使有一两回类似的事件，实不足以震动国民，他们还很麻木……第二，我的脾气是如此的，自己没有做的事，就不大赞成。”这类反对牺牲的言论还有很多。而它们也无一不表明着当初的选择给他带来的长久影响，几十年之后仍然不能摆脱，最终只能寄托在文字中。

不管如何，漫长的留日岁月终于将要过去，它丰富而痛苦的质素也终将灌溉出一朵娇妍的花来。1909年8月，因为绍兴家中添了朱安生计越发艰难，而二弟作人这时又同公寓里的侍女羽太信子恋爱已久。为了帮助尚在大学念书的二弟完婚，也为了对母亲和家庭尽到自己作为长子的责任，周树人决定回国。

因了生活中的种种催讨，他终究要回到十七岁逃离出来的那片土地了，而自己转眼到了三十而立的年纪。烟涛微茫，日本的海岸线早已消失在天际。回首这些年岁，他是否已有了“立”的信心呢？仙台的惨淡两年、不幸的婚姻、《新生》的流产、《域外小说集》的滞销，还有那必须轻轻放下的德意志留学梦……几乎所有的梦都已破碎，唯一的收获或许便是上一年的几篇文章了。别求新声于异邦，那时候的自己是多么豪放激扬。然而，现在的他终究要回到十七岁逃离而出的那片土地，那片杀了秋瑾、吃了徐锡麟的心肝的土地，那片满是看客和流言的土地上去寻找别样的人了么？然而，现在的他终究也不再是当年那位夺门而出的慌乱少年了。

没人知道他是否会有叹息，又是否会重新燃起豪气，就好像没人知道当故国渐渐逼近，站在甲板上的他是否会想起那首自己熟悉的普希金的《致大海》：

再见吧，自由奔放的大海！

这是你最后一次在我的眼前，

翻滚着蔚蓝色的波浪，

和闪耀着娇美的容光。

好像是朋友忧郁的怨诉，

好像是他在临别时的呼唤，

我最后一次在倾听

你悲哀的喧响，你召唤的喧响。

你是我心灵的愿望之所在呀！

四、囚徒

人生最苦痛的是梦醒了无路可以走。做梦的人是幸福的；倘没有看出可走的路，最要紧的是不要去惊醒他。

——鲁迅《娜拉走后怎样》

生活是海，颠簸在脚下。1909年，当周树人从海上返回阔别多年的故乡后，他便走向了这生活的海。

好友许寿裳已于4月提前回国，在浙江两级师范学堂担任教务长。在他的引荐下，周树人也很快到校，担任生理卫生课和植物课教师。文学固然因空间环境的变迁成了遥远的回忆，但科学却也向来是他所重视的。在东京的时候他便应《河南》杂志的约，写了一篇《科学史教篇》，梳理西方自古希腊以来的科学历史，指明西方生产、交通、贸易、教育等社会方方面面的改革大抵源于科学的进步。因此，当生活驱使他来到了这样一个可以向孩子们输入科学知识的位置，他也认认真真地准备起来。除了备课和上课，每隔一个星期，他就背着自制的马口铁采集箱，同担任植物学的日本教员一起，带着班里的学生到钱塘门外的孤山、葛岭、岳坟一带作田野考察，采集和制作植物标本。

然而，风波终于还是迅速地来到了。就在周树人来校不久，浙江巡抚增韫任命教育总会会长夏震武兼任两级师范学堂监督。听到消息的人们不禁暗暗吃惊。原来此君向来是一个服膺程朱理学的顽固保守派人物，早在当年张之洞等人倡导西学和洋务的时候，他便以“用夷乱夏”“士风扫地”大加抨击；后来到了戊戌变法时，他更急红了眼，奏请清廷对康有为、梁启超等人“立诛无赦”。显然，增韫派他来做监督的用意在于整肃学校的新学风气。果然，上任前一天，他就给许寿裳下了一道手谕，要全体教师明天到学校礼堂接任，并且须礼服齐整，听候他率领敬拜孔夫子。学校的教员大多是留日学生，即使没有怀着激进的革命思想，也多少受了东洋自由、包容的校园风气洗礼，自然对这一命令不以为然。于是，当第二天夏震武穿戴着官阶衣帽、领着十六个随从，自命威严地来到学校的时候，却只看到一群短发蓬松、衣冠不整的教员，并且不设孔子牌位。恼羞成怒的他认定是许寿裳带着教员故意与自己作对，随即下达了开除许寿裳的命令。他没想到，全体中国教员竟全部站在了许寿裳一边，纷纷愤而离职，为首的正是那拼命三郎似的周树人，而学生也以罢课表示反对。为了控制事态继续恶化，夏震武决定采取提前放假的办法，以便遣散罢课学生，并使教员们屈服。

关键时刻需要团结更多的力量进行斗争。很快便有数百名学生上街游行请愿，要求上课，并且在事后发表宣言，声讨夏震武九大罪状。事件得到公开后，全省学界群起响应：先是省城十三所学校联名向巡抚控告夏震武滥用威权、摧残教育；接着就有嘉兴、湖州两府教育会发起召开全省十一府教育代表会，讨论驱夏计划；最后各府代表在杭州开会决议：如果官方在两天之内无法解决师范学堂问题，将实行全体罢教。面对趋于爆发的形势，提学使袁嘉谷无计可施，做出决定让比较年轻开明的孙智敏取代夏震武，担任师范学堂监督。于是持续二十余天的驱夏斗争以胜利告终，学校也进入了平静期。

就在周树人尚感奋于人生第一次显著的胜利时，过渡人物孙智敏却被撤走，接任的徐超是一个出身御史、官僚做派十足的人物。此时许寿裳已经出走北京译学馆，而安于平静的师生们也不愿再生波折——就像是温水煮青蛙，妥协永远是生活中最容易的选择。他对环境的失望还因为另一件事。有一次他在教室里准备试验氢气的燃烧，却发现自己忘带火柴，于是在出门前特地叮嘱学生们不要移动盖好的氢气瓶，以免混入空气在燃烧时炸裂。当他回来，一点火，却立刻爆炸了。接着他便发现前两排的学生已经移到教室的后面去了，看着血迹斑斑的手掌，他不禁苦笑：谁说孩子便是天生善良的呢？他们有时候冷漠和残酷毫不输于大人们。

不幸只属于那些无法随遇而安的人。再度感受到命运之轭的重压和反复的周树人毅然决定离职回到绍兴。然而，官僚是重轭，经济又何尝不是呢？他不得已接受了绍兴中学堂的聘请，出任博物学教员。绍兴的风气并不比杭州好多少，官僚的宰制、监督的专横都让他觉得周围空气如此冷冽。学生们却是很有些新时尚的，首先的就是剪辫子。于是有一天，便有几个学生来请教周树人，他是学校里不多的无辫教师之一。

“先生，我们要剪辫子了。”

“不行。”

“有辫子好呢，没有辫子好呢？”

“没有辫子好……”

“你怎么说不行呢？”

“犯不上，你们还是不剪上算——等一等罢。”

他们却不再说什么，撅着嘴唇走出房去，然而终于还是将辫子剪掉了。其实他又何尝愿意如此模棱两可呢？但周围的环境又是如何的令人悲哀呵！1920年，鲁迅在一篇名为《头发的故事》中借主人公N之口描述了当时的情形。N在日本留学时为求清爽将辫子剪了，后来因为家计回国，一到上海先买定了一条假辫子，带着回家。他的母亲倒也不说什么，然而旁人一见面，便都首先研究那辫子，等到知道是假的之后，就发出一声冷笑，暗中将他拟为杀头的罪名。有一位本家亲戚，还准备去告官，但后来因为担心革命党的造反可能要成功才放弃。N后来到本地的中学校做监学，同事是避之唯恐不及，官僚则是防之唯恐不严，使得他终日像坐在冰窖子中，又像站在刑场旁边，原因却只是因为少了一条辫子。一个留洋归来的成人尚且在这环境中如此痛苦，更何况一群并没有多少抵抗能力的少年呢？果然不久，六个师范学堂的剪辫学生便被学校当局开除了学籍，返校不得，回家又不能，流浪至革命成功后才从那剪辫的罪状中解脱出来。

1910年5月，周树人回到了东京。既不是为了下野的绚烂樱花，也不是为了未竟的文学之梦，只因为周作人与羽太信子结婚之后，需要负担羽太家的生活，用度剧增。而树人每月的薪俸不过区区三十余元，况且经常延迟数月才发，入不敷出、渐难支撑的他只能亲赴日本催仍想学法文的作人回国。法文能变出米和肉来吗？他很清楚，两年前的自己一定瞧不上现在这种想法的。但两年来，东京尚没有多少变化，唯一老去的只是在困厄生计和颓唐世事中奔波的少年心，他也只能不惜以今日之我战昨日之我了。事往难问，天高不言，耳畔唯有生活刀锋般的声声嘲弄。

变化却很快就到来了。

1911年10月10日夜，接受了革命思想的武昌新军起义，先夺军械库，再迎炮兵入城，进攻总督衙门，湖广总督瑞澂逃亡，一夜之间，武昌全城为革命军占领，这就是震惊中外的辛亥革命。随后，相继有湖南、陕西、江西、江苏、广东等十四省爆发革命，宣布独立。“忽如一夜春风来，千树万树梨花开”，革命形势的骤然炽烈使腐朽的清王朝陷入了前所未有的风雨飘摇之中。

11月5日，杭州光复。消息传到绍兴，周树人的兴奋可想而知。早在日本的时候他便与光复会多有往来，身上也很有些慷慨激昂的革命情怀。回国两年却只见到徐锡麟和秋瑾的墓日渐荒芜，而自己也在生活的重压之下渐趋困顿，确实太寂寞了，而现在不正是对生活反戈一击的时刻么？就在他“漫卷诗书喜欲狂”的时候，却发现街上的人都慌乱了，城里的关了店门往乡下跑，乡下的背着包袱又往城里跑，拉住一个查问出了什么事，那人也全然不知，只是惶恐地称“来了！”究竟是什么来了呢？原来不知从哪里有谣言起来了，说清兵残部要渡江打过来了。焦躁的周树人来到操场上，看见一群进步学生正在议论到大街上去巡察和辟谣，他觉得很好，随即宣布组织武装演说队。他指挥学生一边印制传单，一边准备大刀，一切就绪后便撞响大钟，紧急集会行动。这时候有一位学生队长发出疑问了：

“万一有人拦阻怎么办？”

“你手上的指挥刀做什么用的！”周树人正色道。

就这样，队伍出发了。周树人走在最前头，一手握着传单，一手握着钢刀，一副去年在杭州“拼命三郎”的架势，他这是要向着生活复仇去了。高年级的学生佩着旧式的前膛枪，还有木头做的假枪和不开刃的指挥刀紧随其后。低年级的学生或者拿着传单或者赤手空拳列于队伍中央。最后压阵的是兵操教员，肩上挂着一把宽阔的可以劈刺的长刀，精神饱满地向着城中开进。演说队一路敲打军乐，高呼口号，散发和张贴各种传单——

“溥仪逃，奕劻被逮！”

“中国万岁！”

学生队伍经过的地方，人心渐渐安定下来，街上次第有店门打开了。等到几天后革命党首领王金发带着革命军到来的时候，绍兴的光复因为周树人他们的前功而唾手得来。

王金发（1883—1915），字季高，出身于浙江嵊县一个世代“义不帝清”的世家大族。他从小就崇尚豪侠，善技击，枪法尤其精绝，养成了任性使气、桀骜不驯的性格。1906年受到徐锡麟影响赴日留学，后参加徐锡麟和秋瑾领导的起义，失败后潜居浙东山区，联络会党，储备力量。武昌起义的消息传来后，他组织敢死队秘密赴杭，于11月4日夜会合起义新军攻克军械局，为光复杭州立下“首功”，随后受绍兴革命党人的邀请率部光复绍兴。在日本的时候周树人就结识了这位传奇的革命党人，曾经一起痛饮，畅聊革命志业。听到王金发要来的消息，他更平添了许多快意，革命军一到，形势自然可以底定下来。于是他再次组织学生来到城东的五云门迎接王金发队伍的到来。果然，王金发一到绍兴，便以大刀阔斧的魄力连日改组了军政府，自任绍兴军分府都督，并出台了一系列有力的措施：释放狱囚，公祭先烈，厚恤烈属，平粜仓赈，减除苛捐杂税，兴办实业，严禁鸦片，筹办越中习艺所，发展教育，并筹饷扩军，准备北伐。

在这期间，他还任命周树人担任山会初级师范学堂监督，而另一位革命党故人范爱农则出任监学，并拨了两百元的校款。与范爱农共事是树人很为之高兴的，他几乎是这段时期自己在绍兴唯一的好友了。他是徐锡麟的学生，也曾经留学日本，深受革命思潮的影响，后来因为停了官费便回到故乡教着几个小学生糊口。在革命前那段拮据的境况里，他和树人常常愁云惨淡地喝酒，讲些没人听得懂的笑话或是疯话。革命成了他生命的转机，做了监学后，只见他不大喝酒了，也很少有功夫谈闲天，办事或是教书，都透着一股认真、勤快而兴奋的劲头。树人自然也是如此，他这个监督简直认真得有点儿过了头。除了延揽人才、扩充师资这种需要他拍板决定的“大事”外，课堂、操场、学生宿舍也经常能见到他的身影。教师缺席，他便亲自代理，代理国文课的时候还爱出像“杨子为我，墨子兼爱，何者孰是？”这样富有开放性和启发性的作文题目，批改作文则不厌其详，而且常常批注很多鼓励性的批语。他甚至常常悄悄来到上课的教室外或者深夜的宿舍楼里，查看学生们的学习和作息情况。他是如此急切地要创造一个新世界呵，既是为国家和民族的未来养成人才，也是为自己的生命寻找到一个支点。

然而他或许如何也想不到这支点竟然崩毁得如此迅疾。这崩溃的结局早在辛亥革命的开端就埋下了伏笔，各地革命的模式大致是新军起义，咨议局服从，新军所依靠的是军事实力，咨议局凭借的则是政治社会声望，而咨议局议员一向多是君主立宪派。就这样，理论上早已一败涂地如落水狗的君主立宪派混入了革命的队伍。更有甚者，一群臭架子的封建地主绅士们，先前是对康党、革命党都深恶痛绝的，以至于到清廷去告密以保全自己尊荣，此刻看到革命形势不可阻挡，就立刻惶惶然将小辫子盘在了头顶上，说是要“咸与维新”了。当时很多地方正是如此，绍兴亦然。周树人和范爱农相邀去看光复之初的绍兴城时所见的正是这般景象：满眼所及虽然都插上了白旗，但内骨子里却是依旧的，因为还是几个旧乡绅所组织的军政府，什么铁路股东是行政司长，钱店掌柜是军械司长……他们是将希望寄托在王金发身上的，不过这希望也破碎得迅疾无比。王金发初来之际固然解散了先前的军政府，并采取了诸多政治措施，但很快，这位被许多闲汉和“咸与维新”的新进革命党包围的革命英雄就迷失在了“都督”的高位上。他经常骑着骏马、带着婢女，游冶郎一般驰骤郊野；或者寓居上海，奢靡淫逸，乐不思返。一人得道鸡犬升天，在他衙门的许多人物，原本是穿着布衣来到绍兴的，不到十天却纷纷换上了锦衣貂裘，尽管天气还并不太冷。

于是就有一个去年听过树人课的学生来访问老师了：“情形还是不行，王金发他们。我们要办一种报来监督他们。不过发起人要借用先生的名字……为社会，我们知道你决不推却的。”他无可推脱，也并不打算推脱。

于是，五天后即1912年1月3日，《越铎日报》创刊了。作为第一发起人兼名誉总编辑的周树人，第一次使用一种服之不孕的毒刺——“黄棘”为笔名，发表了一篇激切的《〈越铎〉出世辞》：

爰立斯报，就商同胞，举文宣意，希冀治化。纾自由之言议，尽个人之天权，促共和之进行，尺政治之得失，发社会之蒙覆，振勇毅之精神。灌输真知，扬表方物……唯专制永长，昭苏非易，况复神驰白水，孰眷旧乡，返顾高丘，正哀无女。呜呼，此《越铎》之所由作也！

“忽反顾以流涕兮,哀高丘之无女”，这是屈原《离骚》中的句子，可见当时他目睹革命果实被封建保守势力窃取的悲痛。自由共和，魂兮归来——《越铎》的出世，正是要在那重新卷来的黑幕下发出一声高呼。于是，骂成了报纸最大的特色，开首便是骂军政府和那里面的人员，此后便直接骂王金发和他的亲戚、同乡、姨太太……此外，周树人还建议

鲁迅与朋友们

开辟“稽山镜水”栏目，并经常为它写稿，抨击社会不良现象。作为一份抨击主政者的地方报纸，新鲜而犀利的《越铎日报》很快大受欢迎，销量从最初的二百份很快增加到一千七百多份。为了有足够资金扩大生产，他们便制定了招股筹款的办法。

就这样骂了十多天，就有一种消息传了过来，说王都督因为报馆的人诈取了他的钱，还骂他，要人用手枪来打死他们。鲁瑞老太太一听就着急了，叮嘱树人不要再出去。但他还是照常行事，并且宽慰母亲，王金发是不会来打死自己的，他虽然是绿林草莽出身，但杀人却也并不那么容易，况且自己办报拿的是校款，这一点他还是明白的，所谓“打死”不过说说罢了。然而不久范爱农就传来了一个新消息，原来所谓“诈取”确有其事，是指另外送给报馆的一笔钱款。原来被《越铎日报》骂了几天后，王金发便叫人送去了五百元。于是报馆主事的几个青年就开会决议起来，第一个问题是：收不收？决议是：收。第二个问题是：收了之后骂不骂？决议是：骂。理由是：收钱之后，他是股东；股东不好，自然要骂。

这实在是一派天真的奇想，来钱的性质难道便是凭报馆单方面就能决定的吗？如果王金发真的采取强硬措施，他固然无理，但报馆的清白却是早已失去了的。周树人立刻赶到报馆询问这事的真假，竟都是真的。在他略说了几句不该收他钱的话后，报馆的一位会计便很不高兴地质问道：

“报馆为什么不收股本？”

“这不是股本……。”

“不是股本是什么？”

他沉默了。他明白如果自己说出担心连累大家的话来，对方肯定会当面斥责自己太过爱惜不值钱的生命，不肯为社会牺牲，或者在明天的报上就可以看到自己如何怕死发抖的报道了。面对做事无思量、只靠着一副自我感动的莽撞和冲动的少年们，争辩又有什么用呢？

正在这时候，他连续接到许寿裳的来信，称新成立的南京临时政府教育总长蔡元培有意延揽，催他尽快到南京教育部就职。范爱农也很赞成离去，但神色间却难掩凄凉：“这里又是那样，住不得。你快去罢……”他听出友人没有说出的话，于是决计要走了。

希望浮了又沉、浮了又沉，所谓革命最终也不过是一场辫子的革命罢了。生活无处不在的无聊和失意使一切离开都像是落荒而逃，而这一次，又是要往南京去了。他是否想起了十四年前的那个少年呢，那个离开故乡去寻找别样的人和真正的鲜花世界的少年？而江湖飘零十几年之后，宿命流转，他再次踏上了同一条路。只是，他是否还有当初以梦为马的少年心？

此时南京乃至整个中国都仍处于未定的动荡中。1912年1

月1日孙中山在南京宣誓就职中华民国中央临时政府大总统，此后一直在与北京的袁世凯谈判。袁世凯（1859—1916），字慰亭，河南项城人，早年发迹于朝鲜，归国后受光绪委任在天津小站以德国军队为蓝本编练成中国首支新式陆军，期间与康有为、梁启超等人过从甚密，却最终在戊戌政变中背叛了维新派。1901年李鸿章死后，他受命署理直隶总督兼北洋大臣，次年开始在保定编练北洋常备军，并通过办理新政很快形成一个庞大的北洋军事政治集团，后因满洲贵族集团的忌恨称疾返回河南隐居。辛亥革命爆发后，袁世凯大展纵横捭阖的权术，先是凭借在北洋系的多年深植攫取了清廷的大权，同时还得到君主立宪派的竭力支持，继而凭借着强大的军事实力与南方革命党人展开谈判，双方最终达成协议：如果清帝退位、袁世凯宣布赞成共和，则孙中山辞去大总统职务并举荐袁世凯继任。2月12日，宣统皇帝宣布退位，15日，临时参议院选举袁世凯为第二任临时总统。和谈期间，孙中山便已提出将临时政府设于南京，但此时袁世凯授意北洋军发动兵变，对外宣称不能赴南京受任，实际上则是不愿陷身于革命党人的控制之中。参议院无法，最终妥协，允许袁世凯在北京受职。4月2日，临时政府正式迁往北京。

周树人只在南京短暂停留了两个月，便在一片隐隐的疑惧和忧虑之中随国民政府迁往北京，住进了绍兴会馆里。北京将是他一生中除绍兴外居住时间最长的地方。绍兴会馆位于宣武门外南半截胡同7号，不远的北半截胡同41号是浏阳会馆，谭嗣同生命的最后岁月就在此度过。而胡同的出口处是更加有名的菜市口——前清时代处决犯人的地方，“戊戌六君子”正是在这里赴死。红梁青砖皆尚在，斯人却早已逝去，剩下的人们在世间苦苦过活。

袁世凯篡夺总统职务后，仍任命蔡元培为教育部部长，次长却换上了自己的亲信范源濂，人事上则多留用旧学部人员。南北合作本来就是勉强实行的，在表面的和平下始终存在着双方的种种派系倾轧。上层人物的党争使得下层部员中形成了不求有功、但求无过的混日子作风，每天大抵是在簿子上画一个“到”，然后不管桌上卷宗如何堆积如山，照例下棋、喝茶、念佛经或是唱京剧。人浮于事，这个新生政权不满一岁却已从骨子里朽坏下去了。在第一天上班的日记中，周树人如此记道：“枯坐终日，极无聊赖。”

然而七月便有极令人震惊的消息从家乡传来了——范爱农死了！

消息说是掉在水里淹死的，他却怀疑是自杀，爱农是浮水的好手，怎么会轻易淹死呢？短暂的怀疑之后却是一连数日难掩的神伤，直到后来才获知详情。周树人离绍之后，继任的是孔教会会长傅励臣，不足一月范爱农便被赶出了山会师范。他先是什么事情也没得做，只能寄居在一个熟人家中，然而最终却连食客也做不了，只能四处漂泊。很长一段时间里他都很少和人们来往，常见的只剩下几个后来认识的较为年青的人，然而他们似乎也不愿意多听他的牢骚，认为不如讲笑话有趣。一天，几个新的朋友约他坐船去看戏，回来已是夜色深沉，偏偏又遇上大风雨，他明明醉了，却执意要到船舷上去小解。大家劝阻他，无论如何也都不听，只说自己不会掉下去的。但他还是掉下去了，虽然能浮水，却再也没能起来。第二天打捞尸体，是在菱荡里找到的，直直地立着。

“也许明天就收到一个电报，拆开来一看，是豫才来叫我的。”据说他时常这么对朋友们说。

周树人终究还是没能明白他是失足还是自杀。他在那些措辞凄苦的来信中不是说过“如此世界，实何为生？盖吾辈生成傲骨，未能随波逐流，惟死而已，端无生理”这样令人心惊的话吗？而这本身也表明无论失足或自杀，范爱农的死首先是一场谋杀，是所谓“咸与维新”的革命谋杀了真正的革命之子。当叛变者撕破面具露出真相，美好的人就要遭遇厄运了。最为亲密的好友陷于灭顶之灾而不能施予援手，树人感到的沮丧和悲愤可想而知，当晚他写下《哭范爱农》：

把酒论天下，先生小酒人。
大圜犹酩酊，微醉合沉沦。
幽谷无穷夜，新宫自在春。
旧朋云散尽，余亦等轻尘。

自比微尘，惟愿买醉，颓唐的意气溢于言表。像驱不散的梦魇和冤气，从此他脑海中时常想起范爱农尸体直直立在菱荡中的诡异图景，于是感受到周遭令人彻骨的寒冷。秋瑾已经死去多年，但她的故乡年复一年，从来没有改变。

八月，周树人获得了一个晋升的机会，他被任命为教育部佥事，社会教育司第一科科长。真正的战士总是有一种坚韧而深沉的情感，他们受了苦难，便躲入无人的野草中，一边舔舐伤口，一边等待再次出击的机会。尽管只是一个小小的科长，但周树人并未忘却自己“立人”的梦想，愈加费尽心力地从事社会教育。次年二月他发表了一篇《拟播布美术意见书》，其中固然没有了“任个人而排众数”的激烈叛逆，但底色却依然是唤醒精神的人的启蒙立场，强调今后美术方面的工作应是“起国人之美感”、“辅道德以为治”。而作为部员，他还多次参加读音统一会的会议，在多方面意见僵持不下的情况下，与朱希祖、许寿裳等人一起，以章太炎早年拟定的一套标音符号为基础，确立了以三十九个极简古字为注音字母的标音体系，并颁布全国通行。1913年，为筹备将于莱比锡举办的以展出墨迹、书籍为主的“万国博览会”，德国米和伯博士来华设立“筹办处”，并与教育部取得联系，向历史博物馆借取了十三种楮墨拓印藏品。因为太过珍贵，周树人当晚将藏品送到部里后，便决定彻夜守护，直到天亮取走才放心。对他而言，为促进社会进步而努力工作既是对自己颓丧情绪的排解，更是对亡友的一种纪念，因为这正是他们所共同守护过的理想。

然而大形势还是愈加沉沦下去了。袁世凯担任大总统以后，原先早已存在的党派分野演化得更加激烈，1912年8月，原同盟会联合共和党等在北京组成国民党，宋教仁出任代理事长；第二年则有以梁启超为实际党魁的进步党出现，成为袁世凯及北洋系与国民党之外的第三方势力。国民党主张主权在民，采议会政治，地方分权，而进步党则主张主权在国家，中央政府应该强大而有力，因此常常与袁世凯一派。1913年3月20日，由于担心在即将召开的国会中失利，袁世凯派人在上海车站暗杀宋教仁，直接引爆了“二次革命”，但讨袁军在两个月内即烟消云散。扫清了对手后，袁世凯抓紧了称帝的活动：捕杀、囚禁革命党人，解散国会，废除《临时约法》，以封建旧称改官制，恢复祭天、祀孔，并指使御用文人学者大肆鼓吹帝制……这一切都明白地显示着革命已走到了死亡的边缘。1915年12月12日，中华民国的五色旗被扯得粉碎，袁世凯终于登基称帝了，并宣布次年改元为洪宪。当初那么为之振奋的革命被证明更像是一个笑话——它推翻了腐朽弱势的清王朝，却只不过换来了一个更加强势的新皇帝；革命前是奴隶，革命后却成了奴隶的奴隶。多么荒诞！

夜色尽墨，专制和恐怖像一个黑洞般吸走了所有的光明。他一贯是要逃走的，但这次又能逃往哪里呢？连孙中山和黄兴都流亡日本了。这么多年如一只不倦的鸟般从南到北、从西到东，来来回回，结局竟然是无路可走，还有什么样的生命境遇会比这更加痛楚呢？

“冠盖满京华，斯人独憔悴。”1916年5月6日下午，他由最初住的“藤花馆”搬入了会馆西边的“补树书屋”。从前院子里长着一棵大楝树，因为被风刮倒，补种了槐树，因此才有了“补树”的名号。又据传槐树上曾经缢死过一个女人，如今虽然槐树已经高不可攀，而屋中却仍然没有人住。险恶的环境使人沉默，而与鬼为邻难道不是最好的沉默法么？此后的几年里，他每天上午九十点钟起床，梳洗后直接去部里办公，到黄昏时返回会馆。吃过晚饭，八点钟开始看佛经、读墓志、抄古籍和碑帖，常常到深夜一两点才睡。夏夜，蚊子多了，他便摇着蒲扇坐在槐树下，从密叶缝里看那一点一点的青天和星光，而那晚出的槐蚕则像吊死的女鬼般在空中摆荡，又每每冰凉地落在头颈上……1922年鲁迅在自己第一本小说集《呐喊》的自序中如此回忆：

客中少有人来，古碑中也遇不到什么问题和主义，而我的生命居然暗暗的消去了，这也就是我惟一的愿望。

他是要专心等死了。当人生倦怠的时候，常常会庆幸有死亡作为必然的终点。为此，他曾经给自己刻了一方石章，上书“竢堂”，又给自己选了一个号，叫作“俟堂”。意思是再明显不过了，他所期待的只不过是在沉默中捱过一切，在彻底的枯寂和沉默中迎接那个终点的到来。在社会推来的无边无际的黑暗面前，他选择画地为牢，将自己囚禁起来，成为一个活死人。

然而，真的如此么？

选择其实更是一种拒绝，而拒绝则意味着愤怒，愤怒中蕴藏着生机。在用古籍古碑垒就的墓室中，他给自己留的最亲近的一块墓石是《嵇康集》，那几年中他反复参照各种版本对它进行校录。嵇康，三国时期魏国谯郡铚县人，祖籍绍兴，这位为人如孤松独立、醉时如玉山将倾的美男子，旷放逸达，风姿特秀，有着极致的魏晋风流。同为“竹林七贤”的山涛曾推荐他做官，他立即作一篇《与山巨源绝交书》，明言自己对官场做派的厌恶，他甚至宣称要“非汤武而薄周孔”，孤身向居于正统的封建礼教宣战。如此行径当然为世不容，终于得罪了权倾朝野的司马昭，下令将其处死。临刑前，他神色不变，以一曲《广陵散》绝世而去。

继十年前从《查拉图斯特拉如是说》中寻找到了那个别样的人后，这位活死人再次从《嵇康集》中遇见了一个“掊物质而张灵明，任个人而排众数”的精神界战士。每当夜色渐深，他捧起案边那本自己无比熟稔的书册，沉醉在那些激烈、潇洒的句子中时，他是否会找到故乡的感觉呢？只是一个空间遥远，一个时间难追，他能在此时此地、在未来寻觅到那样的人吗？这位待死的囚徒，是否会重新活过来呢？

五、铁屋中的呐喊

在我自己，本以为现在是已经并非一个切迫而不能已于言的人了，但或者也还未能忘怀于当日自己的寂寞的悲哀罢，所以有时候仍不免呐喊几声，聊以慰藉那在寂寞里奔驰的猛士，使他不惮于前驱。

——鲁迅《呐喊·自序》

1917年夏天，少有人来的补树书屋开始迎来了一位特殊的客人——曾在东京民报社一同听过章太炎《说文》课、现任北京大学和北京高师教授的钱玄同。在一个初夏的夜晚，他将手提的大皮夹放在破桌上，脱下长衫，在对面坐下了，因为怕狗，路走得快了点，似乎心脏还在怦怦地跳动。

这是个爽直的人，翻着周树人那些古碑的抄本，他发出质问：“你抄了这些有什么用？”

“没有什么用。”

“那么，你抄它是什么意思呢？”

“没有什么意思。”

“我想，你可以做点文章……”

于是树人明白他的意思了。当时他们正在办《新青年》杂志，这本由陈独秀创刊于两年前的杂志渴望从纷乱而无效果的政治运动中解脱出来，矢志要为中国的改革事业奠定更为深沉而普遍的思想文化基础。由于认定近代欧洲强盛的原因在于人权和科学的推动，它首先在中国高举起民主和科学的大旗，这也就是后来著名的“德先生”（Democracy）和“赛先生”（Science）。1916年，陈独秀被主张“兼容并包”的北京大学校长蔡元培聘为北大文科学长，《新青年》随即于第二年年初迁至北京，很快成为当时鼓吹反封建和民主革命的中心阵地。1917年1月1日，远在美国的胡适在《新青年》第二卷第五号发表《文学改良刍议》，号召从言之有物、不摹仿古人、讲求文法、不作无病之呻吟、勿用滥调套语、不用典、不讲对仗、不避俗字俗语等八方面推进文学改良，从而发出了白文化运动的第一声啼哭。一个月后，陈独秀以一篇《文学革命论》将这啼哭化为破空的长鸣，主张“推倒雕琢的阿谀的贵族文学，建设平易的抒情的国民文学；推倒陈腐的铺张的古典文学，建设新鲜的立诚的写实文学；推倒迂晦的艰涩的山林文学，建设明了的通俗的社会文学”，中国文学革命运动由此发难。

然而，中国的空气是太冷冽了。在上层，袁世凯的倒行逆施固然已经失败，并在众叛亲离中死去，但此后北洋系分为多路军阀，在帝国主义的支持和操纵下相互火并，尊孔复辟的封建势力继续大肆活动。军阀混战的水深火热，让很多人失去了安稳做奴隶的时代，但他们的奴性早已养成，只盼着尽快结束这不安的时局重新做稳奴隶——1917年6月徐州军阀张勋率领他的五千“辫子军”开进北京、召集各路前清遗老遗少共同复辟宣统帝制时，北京城的人不是纷纷挂起龙旗而热闹过一阵子么？在这种风气下，一份倡导新文化的刊物命运一望即知，《新青年》同人虽然互相砥砺、坚持作战，却并没有在社会上掀起预想的新潮，甚至连激烈的反对者也没有。如置身沙漠般的大荒凉，一群要做中国最先进启蒙者的人却连自己启蒙对象最起码的关注眼光都未曾争取到，这是何等的寂寞！以至于到了1918年3月，钱玄同和刘半农需要自导自演一出双簧戏：由钱玄同化名王敬轩在《新青年》上发表《文学革命之反响》一文，洋洋洒洒数千言，罗织新文化运动的种种罪状；而刘半农则撰写上万言气势浩荡的《复王敬轩书》，针对王敬轩的观点一一加以驳斥，将一个保守的封建顽固派“王敬轩”批得体无完肤。

周树人懂得了他们此刻的寂寞，但是说：

“假如一间铁屋子，是绝无窗户而万难破毁的，里面有许多熟睡的人们，不久就要闷死了，然而是从昏睡入死灭，并不感到就死的悲哀。现在你大嚷起来，惊起了较为清醒的几个人，使这不幸的少数者来受无可挽救的临终的苦楚，你倒以为对得起他们么？”

“然而几个人既然起来，你不能说决没有毁坏这铁屋的希望。”钱玄同看着老朋友的眼睛。

是的，一个人虽然能有自己确信的悲观和失望，然而说到希望，却无论如何不能抹杀的，因为希望是在将来，自己关于过往绝对虚无的断定又如何能驳倒他人关于未来可能美好的愿景呢？就像人永远无法笃定太阳会照常升起，即使它从未缺席过。从另一方面讲，人只要没有选择自杀，而是继续在世间屈辱地过活，便说明他是在暗夜中喘息，说明他依然怀着一个蔷薇色的梦，渴望着生命的升腾，又有谁愿意黯然无痕地归于寂灭呢？况且他曾经那样地苦斗过！现在有人给待死的周树人抛下来一根绳索了。在接过这绳索之前，他必须先给自己找到一条退路。他这半生享受到的欢愉实在少得可怜，几乎处处都是厚厚的墙壁，万一沿着绳索爬上去前面迎来的只是另一堵厚壁呢？原以为是逃出生天，却还是头破血流。好了，他现在干脆把那绝望坐实，用它做成一副铠甲，这样日后再惨也不过像今天一样，而自己也将继续像今天一样默默待死。他当时就处于这种苦苦挣扎的精神状态，既想要竭力摆脱绝望，又要利用那绝望来护体，从而逃过希望再度破产的苦楚。然而不管怎样，他终于答应钱玄同写文章了。

在《查拉图斯特拉如是说》前言中，尼采写查拉图斯特拉在四十岁那年独自下山去向世人赠予自己的智慧，当他走进第一座森林时，有一位白发老者突然出现在他的面前，如此说道：

这位行人很面熟：好多年前，他经过此处。他叫查拉图斯特拉；可是他变了样子了。

那时你把你的死灰带进山里：今天你要把你的火带往山谷中去么？你不怕放火者受到的惩罚么？

是的，我认得查拉图斯特拉。他的眼睛是纯洁的，他的口角上不藏有一点厌恶。他不是像个舞蹈者一样走过来吗？

查拉图斯特拉变了，查拉图斯特拉变成了孩子，查拉图斯特拉是个觉醒者：现在你要到沉睡者那里去干什么呢？

像在海中一样，你曾生活在孤独之中，海水负载过你。哎呀，你要上岸？哎呀，你又要拖曳你的身体行走吗？

而查拉图斯特拉只是回答说："我爱世人。"

这篇前言是周树人喜爱并翻译出来的，他关于觉醒者和沉睡者的想法是否也受到它的影响呢？我们不得而知。但无论如何，三十七岁的他，终于要去放火了。

1918年5月的《新青年》第四卷第五号，中国现代文学史上第一篇白话短篇小说《狂人日记》问世了。小说署名"鲁迅"，是周树人第一次使用这笔名，他曾对许寿裳解释使用它是因为

“从前用过迅行的别号”，同时也有母亲姓鲁、周鲁在春秋同为姬姓之国、取愚鲁而迅速之意三个原因，而它也终将成为他日后众多笔名中最常用也最知名的一个。

小说分为小序和正文。小序用文言，讲“我”有两个中学时的兄弟好友，分隔多年，偶然听说其中一位病了，便趁着返回故乡时绕道去探问。原来病的是弟弟，但早已痊愈，赴某地听候委用了；哥哥于是大笑着取出弟弟的两册日记，说可以看出当初的病状。正文便是这日记，用的是白话文，开篇便塑造了一个神经兮兮的、“从头直冷到脚”的“被害妄想症”病人形象，他认定所有人都想迫害自己的原因是二十年前自己把古久先生的陈年流水簿子踹了一脚，惹得古久先生很不高兴。在这巨大的惊恐中他有了个大发现：

凡事总须研究，才会明白。古来时常吃人，我也还记得，可是不甚清楚。我翻开历史一查，这历史没有年代，歪歪斜斜的每叶上都写着“仁义道德”几个字。我横竖睡不着，仔细看了半夜，才从字缝里看出字来，满本都写着两个字是“吃人”！

……

易牙蒸了他儿子，给桀纣吃，还是一直从前的事。谁晓得从盘古开辟天地以后，一直吃到易牙的儿子；从易牙的儿子，一直吃到徐锡林；从徐锡林，又一直吃到狼子村捉住的人。去年城里杀了犯人，还有一个生痨病的人，用馒头蘸血舐。

借着这位狂人，鲁迅终于呼喊出了自己对绵延两千年的封建传统文化最为精绝而形象的控诉——吃人！什么“易子而食”，什么“食肉寝皮”，不都是在这文化中得到肯定的行径么？封建宗法制和它的精神支柱——孔孟之道的吃人罪恶，不是一时现象，而是贯穿着封建社会全部历史的根本性质；它也不是个别现象，甚至连狂人自己也“未必无意之中，不吃了我妹子的几片肉”。然而，正如狂人之问：“从来如此，便对么？”他大声对着那群青面獠牙的人说，“你们可以改了，从真心改起！要晓得将来容不得吃人的人，活在世上”，并呼吁：

没有吃过人的孩子，或者还有？

救救孩子……

小说至此结束。它以日记的形式，充分运用了象征和讽喻等手法，将“狂人”独特而阴暗的心理活动与对历史、现实清醒的推理判断巧妙地结合在一起，从而具有了深邃的历史感和强烈的批判力，因此很快就成为五四新文化运动“打倒孔家店”的有力檄文。当时吴虞在《吃人与礼教》一文便中如此写道：“我觉得他这日记，把吃人的内容和仁义道德的表面看得清清楚楚。那些戴着礼教假面具吃人的滑头伎俩，都被他把黑幕揭破了。”同时，这篇小说也首次以实绩突破了此前《新青年》同人对白话文文学的纯理论讨论，有力挫败了当时认为白话文无法创作出优秀文学作品的论调。

然而，除了这些显著的社会功用，对鲁迅个人而言，它显然还具有更加深刻的意义。为何他受了新文化运动的将令后，一出手首先交出的便是这样一篇独特的作品？他在其中对狂人心理那令人绝倒的刻画，难道仅仅只是一位作家头脑中纯然的虚构？他后来在给许寿裳的信中说自己“偶阅《通鉴》，乃悟中国人尚是食人民族，因成此篇”，但最深沉的触发点难道不是自己的不堪往事么——徐锡麟、秋瑾、范爱农……那么多激烈反抗过的人们最终都一一殒命，甚至连自己也被它牢牢抓住，意志消沉到只愿等死。在那段日子里，那狂人的病态、难解的恐惧和愤懑又哪样不是自己随行的影子？所以，当抽刃的时刻来到，他首先要做的就是向那个最强大的敌手宣战。对他而言，这既是对那群可爱可敬的亡友们的哀悼和复仇，也是一种对旧我的杀戮和新我的呼唤。

《狂人日记》之后，像是从漫长的沉默中爆发般，鲁迅一发而不可收，左手小说，右手杂文，进入了一段旺盛的创作期。中国古人常常用“不平则鸣”来解释文学创作的动机，当一个人的心中郁积了太多的苦闷和愤怒，他就会寻求种种途径来发泄这生命的大苦闷，而文学则是最普遍的发泄方式之一。继而言之，当一个人准备用文字来言说他现实生命中的种种不幸时，他就可以将这些不幸统统反转成为对其文学生命的厚予，从黑色的土地上生长出一朵娇妍的花来，这也是人们常说“国家不幸诗家幸”。鲁迅正是如此，此后他以笔为旗，向封建文化传统下的中国人性发动了一场卓绝的复仇。不过这抽象的国民性究竟是怎样一副模样呢？在杂文名篇《灯下漫笔》中，他从生活中的一个极微小的现象出发给出了答案。

大概在民国初年的时候，北京几个国家银行印行的纸钞信用很好，真所谓蒸蒸日上，以至于连一向执迷于现银的乡下人也明白了它的方便、可靠，因此很乐意收受和使用。但这种情况后来却受了一个不小的打击。1915年12月，袁世凯称帝，蔡锷从北京逃出到云南起义反袁。战事使袁世凯政府财政陷于困难，1916年5月政府下令中国银行和交通银行停止纸钞兑换现银的业务。由于现银才是硬通货，市场很快恐慌起来，然而政府勒令商民照旧使用旧钞的威力却还是有的，但商民们却也自有应对，他们不说不收钞票，只说找不出零钱。难道买一支笔或一盒烟也要用一元钞票么，这自然是令人不甘的。怎么办呢？换铜元也没有，找亲戚朋友借现钱也行不通，于是只好放下爱国心，预备要去换外国银行的钞票了。但外国银行也不笨，它们的钞票此时就相当于现银，又怎么会换呢？尽管鲁迅那时候怀中还有三四十元的纸钞，但是现在却忽然变成了一个穷人，眼看几乎就要断粮了。在恐慌之中，他只能暗暗打听到一个能折价换现银的黑市，六折几，他非常高兴，赶紧去卖了一半；

后来又涨到七折了，他更加高兴，全部换了现银，沉甸甸地坠在怀中，仿佛那就是自己的身家性命一般。而搁在平时，钱铺子少给一个铜元，大概他也决不会答应的。

但当鲁迅将一包现银塞在怀中，沉甸甸地觉得安心、高兴的时候，却突然惊惧地想到：“我们极容易变成奴隶，而且变了之后，还万分欢喜。”假如有一种暴力，不把人当做人来对待，甚至连牛马都不如；等到人们羡慕牛马，发出“乱离人，不及太平犬”的叹息时，就给予他略等于牛马的价格，就好像元朝的法律所规定的：打死别人的奴隶，赔一头牛；这样人们就要心悦诚服，恭颂太平的盛世了。为什么呢？因为他虽不算人，究竟已等于牛马了。

我们不必恭读《钦定二十四史》，或者入研究室，审察精神文明的高超。只要一翻孩子所读的《鉴略》，——还嫌烦重，则看《历代纪元编》，就知道“三年余年古国古”的中华，历来所闹的就不过是这一个小玩艺。但在新近编纂的所谓“历史教科书”一流东西里，却不大看得明白了，只仿佛说：咱们向来就很好的。

但实际上，中国人向来就没有争到过“人”的价格，至多不过是奴隶，到现在还如此，然而下于奴隶的时候，却是数见不鲜的。中国的百姓是中立的，战时连自己也不知道属于那一面，但又属于无论那一面。强盗来了，就属于官，当然该被杀掠；官兵既到，该是自家人了罢，但仍然要被杀掠，仿佛又属于强盗似的。这时候，百姓就希望有一个一定的主子，拿他们去做百姓，——不敢，是拿他们去做牛马，情愿自己寻草吃，只求他决定他们怎样跑。

对中国的百姓而言，这做了牛马的安稳时代自然是“皇恩浩荡”了。但这往往也并不如意，服役纳粮自不必说，统治者们的相互杀伐首当其冲的也还是他们。这时候，百姓就希望来一个另外的主子，无论是照旧还是新颁，总之要有一种较为顾及他们的奴隶规则，使他们能顺利走上奴隶的轨道。这也就是儒家所谓“一乱一治”，乱世和治世相互交替。而鲁迅说得更简白有力：一，想做奴隶而不得的时代；二，暂时做稳了奴隶的时代。总之无论如何始终是奴性深重。

而这奴性的最根本特征即是卑怯和凶残的混合，对强者愈卑怯，对弱者愈凶残。中国人受强者蹂躏而蕴蓄的怨愤已经够多了，但他们却并不向强者反抗，反而在弱者身上发泄。翻翻中国历史就可以知道，官兵和土匪往往并不互相争斗，没有枪的百姓却受着兵和匪的苦。这就是他们的卑怯，然而，卑怯的人，即使有万丈的怒火，除弱草以外，又能烧掉什么呢？偏偏他们又总是能找到比自己更弱小的人，男人中寻不到，便转向女人；同代中寻不到，便转向下一代，下一代长大了又转向更下一代。

卑怯的人烧起弱草来是可以称极尽狂欢的。在1919年11月1日发表于《新青年》上的《暴君的臣民》一文中，鲁迅首先讲自己看到的一个历史细节：清朝几件重案的记载，“臣工”们拟罪都很严重，而“圣上”反而常常减轻。开始他只是以为皇帝要博仁厚的美名而玩的花样，后来却觉得殊不尽然。他悟到：

暴君的臣民，只愿暴政暴在他人的头上，他却看着高兴，拿“残酷”做娱乐，拿“他人的苦”做赏玩，做慰安。

自己的本领只是“幸免”。

从“幸免”里又选出牺牲，供给暴君治下的臣民的渴血的欲望，但谁也不明白。死的说“阿呀”，活的高兴着。

正是从这个思路里他凝练出一个惊人的形象——看客。在鲁迅看来，中国人大抵是戏剧的看客，而这戏正是社会改革及其牺牲者。牺牲登场了，如果显得慷慨激昂，他们便当是看了悲壮剧；如果显得恐惧颤抖，他们就看了滑稽剧。北京的羊肉铺子前面，不是常常有几个人张着嘴看剥羊，神情仿佛很愉快的么？人们的牺牲能带给他们的，也不过这一点看戏的愉快罢了。况且事后走几步，就连这愉快也将要忘却了，重新回到他为奴的现世安稳中去了。在这些奴隶们看戏似的目光下，徐锡麟被看杀了，秋瑾被看杀了，范爱农被看杀了，当初给予求进步的人们信心的民国也被看杀了……而他们只是看着满地的鲜血，耸耸肩，便轻轻松松地走远，继续做他们奴隶去了，留下革命者的坟冢与岁月共蛮荒。

不仅在横眉冷对、嬉笑怒骂的杂文中举刀，鲁迅更将自己巨大忧思贯注于小说之中，从而为中国现代文学塑造了一个个经典的卑怯而残暴的国民形象。在1920年的小说《风波》中，他以1917年张勋复辟为背景描写了一个临河小村庄里的辫子风波。听到皇帝重新坐了龙庭的消息后，七斤的恐惧和在恐惧下暴怒的七斤嫂、得意洋洋的邻村遗老赵七爷无一不是那蒙昧、无主见的革命看客，他们对革命所带来的社会变革无动于衷，只在意新的主子对辫子的喜怒——说到底，他们所有的情感波澜都只因想做奴隶而不得。

更立体、深刻也更知名的人物是阿Q。《阿Q正传》发表于1921年，鲁迅在开头就交代了自己对他的姓名、籍贯都渺茫。这无姓无名无籍的设定是否有特殊意味呢？即他恰恰可以是任何一个有姓有名有籍的中国人？鲁迅要写的是最普遍的中国人性，而无意于仅仅为一个特定人物立传。阿Q没有家，住在未庄的土谷祠里；也没有固定的职业，只给人家做短工，割麦便割麦，舂米便舂米，撑船便撑船。工作略久时，他也或住在临时主人的家里，但一完就走了。这常常赤着膊、吊着瘦伶仃的身板四处懒洋洋逛荡的边缘人，却又偏偏很有自尊。因为头皮上有几处癞疮疤，便忌讳别人说“癞”以及一切近于“癞”的音，后来推而广之，“光”“亮”甚至“灯”“烛”都忌讳了。一犯讳，不问有心无心，阿Q便全疤通红地发起怒来，估量了对手，口齿木讷的他就骂，气力弱小的他就打；但不知怎么回事，却总还是自己吃亏的时候多。于是，他就渐渐地变换了方针，改为怒目而视了。但未庄的闲人们还是不时撩拨、打趣他，终至于打了，当然是阿Q输了，但他却别有一种精神胜利法：

阿Q在形式上打败了，被人揪住黄辫子，在壁上碰了四五个响头，闲人这才心满意足的得胜的走了，阿Q站了一刻，心里想，“我总算被儿子打了，现在的世界真不像样……”于是也心满意足的得胜的走了。

闲人们得知他这精神胜利法后，下次便每每揪住阿Q的辫子让他说“人打畜生”“我是虫豸”，并就近让他碰了五六个响头才心满意足地得胜走了。但不到十秒钟，阿Q也心满意足地得胜走了，他觉得自己是第一个能够自轻自贱的人，除了“自轻自贱”不算外，余下的就是“第一个”。状元不也是“第一个”么？“你算是什么东西”呢！阿Q用这种种妙法克服怨敌后，便愉快地跑到酒店喝几碗酒，又和别人调笑一通，口角一通，又得了胜，愉快地回到土谷祠，反倒头睡着了。而他最厌恶的一个人是钱太爷的大儿子，他从东洋跑回来，腿也直了，辫子也不见了，阿Q就称他为“假洋鬼子”，见到是一定要在肚子里暗暗咒骂的。阿Q因为冲着赵太爷家里的女仆吴妈喊“我和你困觉，我和你困觉！”而失掉了在未庄的生计，只能进城去。待他重新回来的时候，却又是一副中兴的模样了：穿的是新夹袄，看去腰间还挂着一个大褡裢，沉甸甸地将裤袋坠成了很弯很弯的弧线。发达起来的阿Q得到了人们的新敬畏，他常常唾沫横飞地冲人们说：“你们可看见过杀头么？咳，好看。杀革命党。唉，好看好看……”

然而革命党终于是要进城了，证据便是连举人老爷都乘了乌篷船下未庄来避难了。阿Q向来以为革命党便是造反，造反便是与自己为难，所以对革命也是一贯“深恶而痛绝之”，却不料这却使方圆百里闻名的举人老爷这么害怕，于是此时也未免有些神往了，况且未庄一群鸟男女慌张的神情，也使阿Q更快意。得意之余，他禁不住大声地嚷道：

“造反了！造反了！”

未庄人都用惊惧的眼光看着他。这一种可怜的眼光，是阿Q前所未见的。于是像六月里喝了雪水般，他更加高兴地走而且喊道：

“好……我要什么就是什么，我欢喜谁就是谁。”

当他来到静修庵准备革命的时候，却发现村里的赵秀才和钱洋鬼子消息灵通，早已将辫子盘在顶上，成了情投意合的革命同志，一起“咸与维新”了。而且未庄的人心也日渐平静下来。据传来的消息，知道革命党虽然进了城，倒却没有什么大异样。知县大老爷还是原官，不过改称了什么，而且举人老爷也做了什么——这些名目，未庄人都说不明白——官，带兵的也还是先前的老把总。

未庄里，革命了的上层人物当然不准阿Q这个无赖参与革命。最后，因为赵家某天夜里遭到抢劫，阿Q稀里糊涂地被抓去，又稀里糊涂地被枪毙，结束了自己传奇而可笑的一生。

就这样，鲁迅用他刀锋般的笔划开了辛亥革命的华丽外衣，暴露了虱子、蛆虫遍布的一地鸡毛。无论阿Q还是赵秀才、钱洋鬼子都只是革命的看客和投机者，成功了便革命功勋，失败了便一命呜呼——革命却在这成功与失败中走向了它惨败的宿命。这宿命，早已种在了革命所发生的那一片土壤中：卑怯带来麻木的看客，残暴带来狡黠的投机者。说到底，革命仅仅是一个仪式，而任何仪式都无法成为解药——就像婚姻之于爱情，重要的是革命第二天开始的日常生活。从第二天起，一成不变而令人作呕的一切丑陋都将复苏，于是变化最终成为轮回的循环，成为一个可笑的、迅速变质的插曲。直到许多年后他交代自己写《阿Q正传》的原因时还是认为，“中国倘不革命，阿Q便不做，既然革命，就会做的……我也很愿意如人们所说，我只写出了现在以前的或一时期，但我还恐怕我所看见的并非现代的前身，而是其后，或者竟是二三十年之后”。他是深深地被那卑怯而残暴的国民性打击到了。我们已经看到，亲历了那

纪念五卅运动

令人希望旋即失望的辛亥革命，又在古籍和野史中浸泡了多年的鲁迅，曾经多么痛苦地吞下这些秽物，并尝试着孤身迎接彻底寂灭的时刻，而此刻，不久前咀嚼着的那些苦涩从他指尖纷纷落下，化成了一篇篇罕有其匹的中国人之正传。

然而，虽然紧紧揪住了卑怯残暴的国民性，但这段时期他更多地却是呼唤改革和建设，进化论成为此时最鲜明的思想质素。他多次明确表示自己心以为然的道理非常简单：“便是依据生物界的现象，一，要保存生命；二，要延续生命；三，要发展这生命（就是进化）。”而在进化的新陈代谢途中，新的应当欢天喜地向前走去，这便是壮大；而旧的也应该欢天喜地向前走去，这便是死亡；如此各走各的路，便是进化的路。

沿着进化路上的死灭和新生，鲁迅发表了许多呼吁“救救孩子”的文章，从而与新文化运动同人们共同掀起近现代史上“发现孩子”的巨大浪潮。从1918年9月15日起，他开始为《新青年》的“随感录”专栏撰稿，而第一篇就是谈论孩子的。依然从生活细节出发，他讲自己曾经看到严复在一本书上发议论，大意是：在北京的道上，看见许多孩子，辗转于车轮马足之间，很怕把他们碰死了，又想起他们将来怎样得了，很是害怕。而鲁迅到了北京后，这景象并没有改变，他由此感慨道：“穷人的孩子蓬头垢面的在街上转，阔人的孩子妖形妖势娇声娇气的在家里转。转得大了，都昏天暗地的在社会上转，同他们的父亲一样，或者还不如。”中国的孩子，向来是只管生不管养的，生他的人并不负责教他的责任，于是这许多孩子，便只在尘土中辗转，小的时候，不把他当人，大了以后，也做不了人。这样的父亲，只是制造孩子的家伙，而不是“人”的父亲，他生了孩子，却仍然不是“人”的萌芽。因此，他在文末疾呼道：“因为我们中国所多的是孩子之父；所以以后是只要‘人’之父！”

一年后，他写下《我们现在怎样做父亲》一文，宣称要将革命革到老子身上。中国的“圣人之徒”，最痛恨人动摇他的伦常，他们是要求对孩子拥有绝对的权力和威严的。然而，祖父子孙，本来各个都只是生命桥梁的一级，本不该求做什么绝对的父亲或绝对的孩子，唯一能做的只是绝对的人。因此，他主张要学着做一个“人”的父亲，从现在起，解放了后来的人：

但中国的老年，中了旧习惯旧思想的毒太深了，决定悟不过来。譬如早晨听到乌鸦叫，少年毫不介意，迷信的老人，却总须颓唐半天。虽然很可怜，然而也无法可救。没有法，便只能先从觉醒的人开手，各自解放了自己的孩子。自己背着因袭的重担，肩住了黑暗的闸门，放他们到宽阔光明的地方去；此后幸福的度日，合理的做人。

在传统社会中，君臣、父子、夫妇是最基本的伦理对子，他们之间被严格规定的尊卑秩序共同编织成了僵死的宗法社会。而在所有这些伦理单位中，女性的生存境遇无疑是最惨烈的，她们的命运千年来写得明明白白：“未嫁从父，出嫁从夫，夫死从子。”这是一场唯有死亡才能逃脱的无期徒刑：她们的一生毫无余裕地成为男性的附属物，没有哪怕一天的自由之身。于是，在批判君权、臣奴、父权的同时，对女性深怀同情的鲁迅毫不犹豫开辟了另一条战线，1918年发表的《我之节烈观》是这方面的力作。“世道浇漓，人心日下，国将不国”之类的话是中国卫道士们历来所擅长的叹息，为了挽救这“日下”的人心，当时有一群人鼓吹着“虚君共和”“孟圣矣乎”之类的话，另外还有一种妙法：“表彰节烈”。在远古的时候，节烈尚且也是男子的美德，而此时的“表彰节烈”却是专指女子。按照道德家的说法，所谓节，便是丈夫死了，绝不再嫁，也不私奔，丈夫死得越早，家里越穷，她便节得越好；烈则有两种：一是无论已嫁未嫁，只要丈夫死了，她也跟着自尽；一种是强暴来侮辱她的时候，设法自戕，或者抗拒被杀，都无不可。总而言之：女子死了丈夫，便守着，或者死掉；遇到强暴，便死掉；将这类人物，称赞一通，世道人心便好，中国便得救了。对此，鲁迅发出了一系列质疑：不节烈的女子如何害了国家？为什么救国救世的责任，全在女子？表彰之后，有何效果？节烈是否是普遍的道德？多妻主义的男子，是否有表彰节烈的资格？经历了这些质疑后，他发现往往是在外敌入侵、国民将要被征服的时候，守节的烈女尤其被看重。因为女子向来被男人视为自己的物品，自己死了，不该嫁人，自己活着，自然更不许被夺。“然而自己是被征服的国民，没有力量保护，没有勇气反抗了，只好别出心裁，鼓吹女人自杀”，其间又经过汉朝以后尤其是宋元以来“业儒”的大肆渲染，于是女性就把本该男性承担的罪恶也一块糊糊涂涂地接了过来。所以节烈一事，难道不彻彻底底是卑怯又残暴的国民性的产物么？男性面对强大的外敌卑怯无力，却转而要剥夺女性的生命，这真是可笑可痛的昏迷而强暴。1923年12月26日，鲁迅被北京女子高等师范学校文艺会请去演讲，他仍不忘怀中国女性的命运，请人们注意“娜拉走后怎样？”。娜拉是挪威作家易卜生名剧《玩偶之家》的主人公，她最初满足地生活在所谓的幸福家庭里，后来却觉悟了：自己是丈夫的玩偶，而孩子们又是自己的玩偶。于是她决然离开了，只听到关门声，接着便是闭幕。《玩偶之家》被《新青年》引入后，迅速引发了一场女性解放的热潮。然而，鲁迅还要提醒青年们思考：娜拉走后会怎么样呢？除了一颗觉醒的心，她还带走了什么呢？没有经济权，她的路实在只有两条：不是堕落，就是回来。因此，他指出为了不做傀儡起见，在当下的社会里，经济权就显得最要紧了。第一，在家应该先获得男女平均的分配；第二，在社会应获得男女相等的势力。为了做到这些，需要深沉而有韧性的战斗。

然而，任何新事物总是在与旧事物的反复缠斗中艰难地成长。自从钱玄同和刘半农那封著名的双簧信发出之后，随之而来的果然是保守派人物的叫嚣。当时很有一些要攘夺权力的旧官僚和不甘冷遇的封建遗老，成天鼓吹着要“保存国粹”，思想文化界如此，相互混战不休的北洋军阀们竟也步调一致了，而且面目也多样，有崇尚国学、倡导尊孔和读经的，也有提倡恢复打拳、缠足的。而这“国粹”又往往借了“经验”或“事实”的面目行世。从清朝得来的经验提高了他们的喉咙含含糊糊说：“狗有狗道理，鬼有鬼道理，中国与众不同，也自有中国道理。道理各不同，一味道理，殊堪痛恨。”其中的居心便是要把从西方舶来的自由、民主、平等、科学等观念统统拒之门外了。

目睹这一状况的鲁迅，从1918年起就以《新青年》尤其是“随感录”专栏为主要阵地，向国粹派发出了抗战。在《随感录三十五》中，他指出“国粹”按字面理解，必是一国独有而别国所无的东西，也便是特别的东西，然而，特别未必就是好，为什么一定保存呢？假如有一个人，脸上长了一颗瘤子，额头上也肿出了一颗疮，他也的确是与众不同了，但是否就应该保存这作为“粹”的瘤子和疮疤呢？显然不是。如果说中国的国粹都是特别而且好的，那么为什么现在的国情竟然糟糕到这般情形，让新派也摇头、旧派也叹气呢？在文章的最后，他借用一位朋友的话说：“要我们保存国粹，也须国粹能保存我们。”这句话可以说是鲁迅日后攻击国粹派的基点，骨子里还是进化论的思想——要考虑的始终是生活在这一片土地上的每一个人的生存、延续和发展。正像许多年后另一位著名作家老舍在名剧《茶馆》中所问的："我爱我们的国家，可是谁爱我呢？"如果具体而鲜活的生命都陨灭了，那国家又有什么存在的必要呢？

而在随后的《随感录三十九》中，针对那活跃着的一众经验派，鲁迅展开了犀利的讽刺。他提醒人们：从前的经验，是从皇帝脚底下学得的；而辛亥革命推翻了封建帝制，却让之前皇帝的奴才们粉墨登场，因此现在与将来的经验，是从皇帝的奴才的脚底下学得的；奴才的数目有多少，我们社会上的经验家也就有多少。到了经验家二世的全盛时代，恐怕只要"从来如此，便是宝贝"了——即使无名肿毒，倘若生在中国人身上，也便"红肿之处，艳若桃花；溃烂之时，美如乳酪"，实在是"国粹所在，妙不可言"。而中国人的灵魂，则终将在这一片国粹的妙处里日渐枯萎。因此，在《随感录五十七》中，他悲愤地将那些国粹派、经验派、拳党、缠足党都统统称为"现在屠杀者"：

做了人类想成仙；生在地上要上天；明明是现代人，吸着现代的空气，却偏要勒派朽腐的名教，僵死的语言，侮蔑尽现在，这都是"现在的屠杀者"。杀了"现在"，也便杀了"将来"。——将来是子孙的时代。

如果说这些“现在的屠杀者”那些恶毒的居心、可笑的言论至少在思想文化上并没有对新文化运动造成太多障碍的话，那么对学衡派的论战则可以算是他们与保守派的第一场大规模思想战。1922年1月，《学衡》创刊号由上海中华书局发行。这本杂志主要由当时任教于东南大学的一批留美博士如梅光迪、胡先骕、吴宓等人在南京编辑，主要撰稿人还有柳诒徵、王国维、陈寅恪、释太虚等不下百人，一时极东南之盛。在很大程度上，学衡派是因为受了新文化运动中激进新思潮的刺激才产生的。新文化运动逐渐走向高潮的时候，吴宓正在哈佛大学新人文主义大师白璧德门下求学，但他极为关注国内思想文化界的动态，甚至不惜牺牲学业著文反对新文化运动的激进倾向。这反映了当时在哈佛的一批中国留学生的普遍心态，吴宓曾自述道：“当时在哈佛习文学诸君，学深而品粹者，均莫不痛恨胡、陈。张君鑫海表示，‘羽翼未成，不可轻飞。他年学问成，同志集，定必与若辈鏖战一番’。”因此，不同于新文化运动诸人输入西学的激进革命，他们具有更明显的保守倾向，《学衡》发刊词将他们的宗旨阐明为“论究学术，阐求真理，昌明国粹，融化新知”，而更见其关怀的则是下面这句：“本杂志于国学则立以切实之工夫，为精确之研究，然后整理而条析之，明其源流，着其旨要，以见吾国文化，有可与日月争光之价值。”于是，学衡迅速对《新青年》《新潮》等新文化运动同人发起了激烈的论战，尽管此时白话文运动已是大势所趋，但胡先骕与梅光迪等人依然撰文对之进行措辞激烈的抨击乃至谩骂。除去反对白话文作为思想文化工具的主张外，《学衡》派学人的各种思想主张无不体现出复古、保守的态度。由于他们留美海归博士的光环加成，加之多为大学教授，天然地被人视为具有客观、超然的立场，因此颇得时人侧目。

针对学衡派的挑战，鲁迅再次披挂出马了。在1922年2月9日发表于《晨报副刊》的《估〈学衡〉》一文中，他开篇就自信地宣称："夫所谓《学衡》者，据我看来，实不过聚在'聚宝之门'左近的几个假古董所放的假毫光；虽然自称为'衡'，而本身的秤星尚且未曾钉好，更何论于他所衡的轻重的是非。所以，决用不着校准，只要估一估就明白了。"接着他举出了学衡派学人诸多的文法错误，如《弁言》曾经说"杂志迻例弁以宣言"，但其实周代人将戴在头上的瓜皮小帽一般的帽子称作弁，是头上的东西，因此所谓"弁言"就是序，这与"杂志迻例"的宣言是不同的，因此学衡派将二者并为一谈，是太汗漫了。还有比如《浙江采集植物游记》却是连题目都不通了，采集是一件事务，并非漫游，所以古人作记，务和游是严格分开的，只有地名才和游相连使用。假如这篇记中也要谈吃饭睡觉的事，难道题目便要改为"浙江采集植物游食眠记"了么？最后他得出结论，学衡派人要昌明国粹，固守文言，反对白话，事实却是连基本的文从字顺都无法做到——穷乡僻壤的中学生的成绩，恐怕也不至于如此——所谓国粹、学理又能好到哪里去呢？“衡”了一通，仅仅只是把自己的斤两“衡”出来了，不仅伤不到新文化，恐怕离国粹也差得远哩！

不久，又有一群上海洋场的鸳鸯蝴蝶派文人跳出来指责白话文运动了。所谓鸳鸯蝴蝶派，是兴起于清末民初，以上海为中心的一个通俗文学流派，作品多是用文言文创作的哀情故事，惯用才子和佳人“相悦相恋，分拆不开，柳荫花下，像一对蝴蝶，一双鸳鸯”的俗套叙事，因此被称为“鸳鸯蝴蝶派”。1922年9月14日，其代表人物李涵秋在上海《时报》上发表了一篇《文字感想》，其中有一段说：

新学家薄国学为不足道，故为钩辀格磔之文，以震其艰深也。一读之欲呕，再读之昏昏睡去矣。

几天后，鲁迅就在《晨报副刊》发表一篇《“以震其艰深”》，对此极尽鞭挞、嘲讽之能事。他说自己先前只以为“钩辀格磔”是古人用来形容鹧鸪的啼声，并没有别的什么深层意思；幸亏有这篇《文字感想》，才明白这词原来是用来怪罪鹧鸪啼得太过“艰深”了。但无论如何，鸟声不管如何艰深却是不能令人作呕的，就算只从文字来看，“粤若稽古”“绛即东雍”这种历代注释不断的艰深语也从来没听说让人反胃的。“呕吐的原因决不在乎别人文章的‘艰深’，是在乎自己的身体里的，大约因为‘国学’积蓄得太多，笔不及写，所以涌出来了罢。”

最后他发出致命一击:“国学国学，新学家既‘薄为不足道’，国学家又道而不能亨，你真要道尽途穷了!”

可以看出，无论是对学衡派还是鸳鸯蝴蝶派，鲁迅的态度都是颇为蔑视的。他曾经追随章太炎研习小学，一度痴迷章氏文风，《摩罗诗力说》《文化偏至论》诸篇甚至连《域外小说集》的翻译都是用典雅华丽的文言完成，后来又窝在北京绍兴会馆以枯井般的心情抄写古籍碑帖，国学功力之深湛可想而知。在他面前，无论是南京的半吊子学者或是上海的轻薄文人都不过是三脚猫功夫而已。因为有这自信，他在批判文章中又总是显示出一种优裕从容的姿态，就像高手出手，先让你三招，再依照你的一招一式将你打败，试问还有什么会比这更让对手羞愧的呢？所以说，面对敌人，鲁迅实在是一个残酷而高妙的杀手。然而，从深处说，他的刻薄也并不是为了个人的快意。当时新文化运动诸人中，熟读经史的大有人在，像陈独秀就是前清秀才出身，蔡元培更是早早地在二十五岁时便以二甲三十四名中了进士，被点为翰林院庶吉士。对于他们而言，之所以要从自己熟稔了半生的“国学”中反身而出，是因为深知其中鬼魅太多太毒，而唯有输入西方先进文明才能锻炼真正的人性，从而拯救整个民族国家。

如果我们非要用一个最简的方式总结鲁迅在五四新文化运动时期的功绩的话，那么，它毫无疑问将是——人的发现。

1919年12月1日发表于北京《晨报》的《一件小事》讲述

的便是一件发现人的故事。从绍兴跑到北京来，转眼已是六年，其间耳闻目睹了许多国家大事，然而对于鲁迅而言，唯一得到增长的却是自己的坏脾气——他一天比一天看不起人了。然而却有一件小事，每每将他从坏脾气里拉拽而出。那是1917年冬天，北风正凶猛，鲁迅因为要出门，便雇定了一辆人力车，叫他拉到S门去。不一会儿，北风小了，路上浮尘却早已被刮干净，于是车夫跑得更快，就在靠近S门的时候，车把带到了一个人。那人慢慢跌倒下去，花白头发，衣服都很破烂。她从马路边上突然向车前横截着闯过来，尽管车夫已经让开道，但她的破棉被芯并没有扣好，被微风吹着，向外展开，所以终于兜到了车把。幸好车夫反应及时，否则她注定要栽一个大筋头，跌得头破血流了。老女人伏在路上，车夫便也立住脚。鲁迅料定她并没有受伤，况且又没有别人看见，便很怪车夫多事，要自己给自己惹上是非，也误了路。于是他说："没有什么的。走你的罢！"车夫却毫不理会，放下了车子，扶着那老女人慢慢起来，搀着胳膊站好，问她说："您怎么啦？""我摔坏了。"老女人回答道。鲁迅想自己亲眼见她慢慢倒地，怎么会摔坏呢，装腔作势罢了，真是太可厌恶了，现在倒要看看这自讨苦吃的车夫怎么办。只见车夫听了这老女人的话后，却毫不踌躇，仍然搀扶着她的手臂，一步步地向前走去。鲁迅感到有些诧异，赶紧看前面，原来是一所巡警分驻所，大风吹过之后，门口也并没有看见什么人。而车夫扶着那个老女人，正是向那大门走去。

鲁迅在文章中如此描写自己当时的感觉：“我这时突然感到一种异样的感觉，觉得他满身灰尘的后影，刹时高大了，而且愈走愈大，须仰视才见。而且他对于我，渐渐地又几乎变成一种威压，甚而至于要榨出皮袍下面藏着的‘小’来。”就在鲁迅呆呆地想着这一切的时候，就有一个巡警走出来让他再雇另外一辆车，那个车夫已经无法再拉他了。他没有思索地从外套袋里抓出一大把铜元，委托巡警给车夫。然而，当后来风全止住了，他一个人在路上安静地走着的时候，却几乎害怕想到自己了，前面的事且不说了，单单那一大把铜元又是什么意思呢？奖励他吗？难道自己还能够裁判他吗？鲁迅无法回答自己。两年后写下《一件小事》时，以往的文治武力，就像小时候读过的“子曰诗云”一般，半句都背不上了；却独有这一件小事，总是浮现在他眼前，有时甚至更加鲜明，让他惭愧，催促他自我更新，并且增长着他的勇气和希望。

这一件小事当然可以视为鲁迅对人的发现的一个注脚，也可看出他是多么努力地要紧紧攫住生活中那“别样”的瞬间，以激励自己更加勇猛精进。然而如果仔细想想，他对这样一件小事如此念兹在兹，甚至宣称独有它时常现身使自己前进，这背后是否更多的是悲凉呢？就像红烧肉固然好吃，但如果一个人常常告诉别人很多年前自己吃到过一回、而且那是至今自己吃过最好的东西时，有谁不会感到他的生活绝大部分都是穷困、贫乏的呢？或许正是为了摆脱这种寒冷无光生活的纠缠，鲁迅才会那么在意家庭——在整个20年代中前期，他始终在费尽心力地营造一种亲密、快乐的亲情关系。为了将家眷接到北京，从1919年2月起他开始到处看屋，直到7月23日才物色到新街口八道湾罗氏屋，花费三千五百元买下。鲁迅之所以看中这座房子，是因为这里不但房间多，而且空地大，适宜于儿童玩耍——当时鲁迅的二弟作人、三弟建人都有子女。然而，鲁迅在为大家庭能够一起生活而四处奔走时，周作人却在这一年的三月由北大请假回到浙江，四月又携家人从浙江赴日本游览；鲁迅买定八道湾而继续为修缮辛劳时，周作人虽然曾经只身回到北京，但不久又重返日本接自己的家小。而鲁迅对此并不在意。他已经年近四十，因为生计的奔波，也因为误饮了“慈母赏赐的毒药”而与自己不爱的人维持着名存实亡的婚姻，从1912年入京至今，他始终在远离故乡的北京独自生活。但这样形影相吊的生活又有谁能够轻易承受？当他在思想上从活死人墓中走出来的时候，对家庭和爱的渴望也随即在心底滋长起来。

1919年11月21日，鲁迅离开了寓居八年的绍兴会馆，与周作人全家迁入八道湾宅，忙碌了近一年，聚族而居的梦想终于初步实现了。十天后，他离京返回绍兴，在一个寒冷的雨夜抵达。周家在新台门的宅子以及百草园等附属产业已于两个月前卖给邻居朱阆仙，双方签订“绝卖书契”，周氏三兄弟都在上面画了押。鲁迅此次回乡，一是为了将母亲、朱安和三弟周建人一家接到北京定居，二是处理祖屋售出后余下诸般事务。周建人晚年曾不无凄哀地回忆兄弟几人彼时的处境：“现在，树倒猢狲散，这一代已是末世子孙，把祭田卖了，祖坟不管了，祭祀也免了，各自拿了有限的金钱，营造安身立命的小窝。大家明白，今后已经没有什么祖业可以考了，这有限的金钱，究竟能够维持多少时日，谁也没有把握。”然而这离乡的惘然也很快被一出出让人哭笑不得的世俗剧冲淡了。卖房的消息早传出去了，大家都清楚，又一个大户人家败落了，于是收旧货的商人们蜂拥上门来杀价购物了，亲戚邻里也有惦记着周家物件的。在《故乡》这篇基本实录了这次搬家经过的小说中，他格外写到有一个像“画图仪器里细脚伶仃的圆规”的“豆腐西施”杨二嫂，一面絮絮地来攀交情，一面又将手套、碗碟等顺手拿了，颠着高低的小脚飞也似地跑走了。对此鲁迅也只能苦苦一笑，无话可说。

值得期待的是阔别多年将要来帮忙搬家的闰土——那个项带银圈、手捏一柄钢叉奋力刺猹的少年。回忆大抵美好，只要不敌上现实。闰土来了，身材却增加了一倍；先前的紫色的圆脸，已经变作灰黄，而且加上了很深的皱纹；眼睛也像他的父亲一样，周围都肿得通红；头上是一顶破毡帽，身上只有一件极单薄的棉衣，浑身瑟缩着；手里提着一个纸包和一支长烟管，那手也不复少年时代的红活圆实，而是又粗又笨开裂得像是松树皮了。当闰土的神情由初始的欢喜和凄凉终于转为恭敬，分明地冲着自己叫道“老爷！”，鲁迅是否会悲哀地意识到他终于一成不变地变成了他的父亲？是否会心中塞满了无力感——时间仿佛已经从这片土地完全撤离，一切可能性都被取消，一切都被凝固，而闰土们则在这凝固中一代代石头般沉默着，又焦灼着。当看到这个被“多子、饥荒、苛税、兵、匪、官、绅”苦得像一个木偶人的少年好友时，他是否会想到那可笑可恼的细脚伶仃的圆规也是这般的可怜人呢？他是否又会庆幸自己当初毅然地逃离呢？

告别的时刻终于来临了。随着两岸的青山向船后退去，老屋和故乡的山水都渐行渐远。鲁迅却并不感到怎样的留恋，只觉得周遭有看不见的高墙，将自己隔成孤身，使自己非常气闷；那西瓜地上戴银项圈小英雄的影像，本来是十分清楚的，现在却忽然模糊了。这是无可告别的告别，也许从十七岁远走的那刻起，故乡早已没有了自己的容身之所，它只属于衍太太、阿Q、杨二嫂和闰土们。夜色渐渐如墨，他却被心事搅扰着无法入睡，如后来在《故乡》中写下的：“我躺着，听船底潺潺的水声，知道我在走我的路。”想到自己与闰土的隔膜，他唯有寄望于后辈们都不要如闰土的辛苦麻木而生活，也不要如别人的辛苦恣睢而生活，“他们应该有新的生活，为我们所未经生活过的。”但：

我想到希望，忽然害怕起来。闰土要香炉和烛台的时候，我还暗地里笑他，以为他总是崇拜偶像，什么时候都不忘却。现在我所谓希望，不也是我自己手制的偶像么？只是他的愿望切近，我的愿望茫远罢了。

我在朦胧中，眼前展开一片海边碧绿的沙地来，上面深蓝的天空中挂着一轮金黄的圆月。我想：希望是本无所谓有，无所谓无的。这正如地上的路；其实地上本没有路，走的人多了，也便成了路。

他仍旧以当年面对钱玄同时“希望是在将来，决不能以我之必无的证明，来折服了他之所谓可有”这种积极而消极的态度把自己从绝望的深渊旁稍稍拉拽回来。而他终究也要继续踏上自己的路途了，从此头也不回——这是他最后一次回到故乡。

住进八道湾十一号之后，鲁迅竭力维持难得的大家庭生活。大家决议由周作人的妻子羽太信子掌管家政，鲁迅每次发了薪水或得了稿酬，绝大部分都交给她。尽管仍然不喜欢朱安，却还是以礼相待；对母亲也事事不忍拂逆。对待侄辈们，更是视若己出，处处实行自己儿童本位的教育观念。次年5月19日，侄子周沛突发肺炎，鲁迅当夜为他延请医生而彻夜未眠，又在第二天送入同仁医院；到7月13日出院回家的近两月间，他几乎天天往医院去或留在医院守夜。此心安处是吾乡。目睹世事大抵无奈无力的鲁迅是决定要费尽心力维护这心乡了，毕竟无论是谁，每晚从奔波忙碌中踏进家门，走近那温馨的灯火和家人的欢声笑语，胸中盈溢着的大概都是宽慰吧。鲁迅也是人，普通人有的七情六欲他都有。当他向着思想上的诸多敌人进行酷烈的冲杀之际，或许只有八道湾十一号才是他勇气的最后守护。

六、孤独者

然而，大家庭和谐生活的梦也很快破灭了。先是1921年周建人一家迁居上海，八道湾的后院顿时空寂了很多。随后，1923年的7月14日，鲁迅更与羽太信子爆发了一场冲突，这一天他在日记中仅仅记下“是夜始改在自室吃饭，自具一肴，此可记也”一句。到了19日，周作人就送来了决裂信：“鲁迅先生：我昨日才知道，——但过去的事不必再说了。我不是基督徒，却幸而尚能担受得起，也不想责谁，——大家都是可怜的人间。我以前的蔷薇色的梦原来都是虚幻，现在所见的或者才是真的人生。我想订正我的思想，重新入新的生活。以后请不要再到后边院子里来，没有别的话。愿你安心，自重。七月十八日，作人。”鲁迅则在日记中记道：“上午启孟自持信来，后邀欲问之，不至。”无奈之下的鲁迅只好另找房子搬出去。8月2日他暂时租住砖塔胡同六十一号，到10月30日买定阜成门内西三条胡同二十一号，所有积蓄在八道湾时就被剥夺殆尽，买这屋子的八百元是向许寿裳和齐寿山各借四百得来的。暂时安顿下来后他去八道湾打算取回自己的书，周作人竟举起一个铜香炉要砸过来，所幸被人及时拉住——无论如何，他们兄弟二人的反目成仇是难以化解的了。

数十年的怡怡之情，竟在短短几日内化为仇视，世间最伤心事大概也就莫过于此了吧。关于这场突如其来的变故，当事人讳莫如深，外人也不知所以，就连鲁老太太也是如此，兄弟反目后的一天，她对来看望自己的许羡苏如此说：“大先生和二先生忽然闹起来了，也不知道是什么事情，头天还好好的，弟兄二人还忙着把书抱进抱出地商量写文章呢？”而后人大多认定这与周作人的日本妻子羽太信子有莫大关系，其中最关键的问题则是家庭经济。学者倪墨炎曾经算过一笔账：“鲁迅结婚后，并无子女。周作人结婚后，带了羽太信子回到绍兴，很快生儿育女，同时信子还要其妹其弟也在绍兴生活。在日本的信子父母，也要周家经济上给予接济……当时周作人在绍兴中学教书，每月工资起初是50元，后加至68元……鲁迅在北京工作，月薪300元，尽管当时有欠薪，但也补发，每月工资300元的收入是不成问题的。他要向绍兴老家寄钱，还要向日本羽太家寄钱……母亲和周作人一家、周建人一家全部迁居北京后，家庭情况起了变化：一，周作人被聘为北京大学教授，又有兼职，经济收入大大增加，已不低于鲁迅；二，家政改由羽太信子主持（原来是鲁迅的母亲主持）。这两条都和后来的家庭纠

五四运动

纷有关……周作人在北京大学任教授，最初月薪是240元，以后加至280元。他有兼职，兼职的兼薪是220元。他的每月收入总数在500元以上。鲁迅除本薪外，也有兼职，兼薪收入数十元。兄弟两人都要留下一点买书等零花钱，然而交到信子那里的总在600元以上吧……每月600多元大洋的收入，在当时不是一个小数目，如果调度得好，家庭生活可以比较富裕，还可以略有积余。可信子用钱没有计划，不会打算，月月用完，有时还入不敷出。从《鲁迅日记》可见，1920年5月周沛患肺炎，住院治疗两月多，鲁迅向人借钱400余元；1921年3月周作人患病住院后至香山疗养，鲁迅借债700元。鲁迅常常还老债，再借新债。这种债务，已成了鲁迅沉重负担。”羽太信子不善持家、花钱无度到什么地步呢？她与周作人仅有两个孩子，家中却有六七个仆人；家人偶有风寒感冒，就要请日本医生上门来；至于买东西，也是随性之至；更奇怪的是，她常常心血来潮，有时饭菜烧好，她却突然想吃饺子，于是让厨房撤了饭菜重新包饺子……如此这般让白天上课、晚上作文的鲁迅当然无法支撑，不仅每月的薪水毫无结余，甚至多年积蓄也赔了进去，有时候甚至连自己买香烟和点心的钱也没有。对此他当然会有抱怨和劝谏，羽太信子听了则怀恨在心，对鲁迅的怨气日渐加深，终于爆发。

不管如何，唯一确定的是，他被赶出了自己付出最大心血营造的家，被往日与自己最为亲近的二弟驱逐。往事难追却如何也忘却不了，那一起在家抄画本、看书的无忧童年，还有一起协作为父亲寻找“原配蟋蟀”的少年；再后来他逃往南京，五年后作人也追随而至进入江南水师学堂，后来又考取赴日留学的官费……世间还有另外一个人与自己轨迹如此相似的么？在日本期间，他们一起翻译《域外小说集》，一起听章太炎先生的课，一起在文学的国度里悲喜激扬；回国之后，他们又一起投身新文化运动，成为当时思想界耀眼的双子星座。“岂曰无衣，与子同袍”，在他心中，与二弟的关系早已超越了血缘亲情，他们更是在人生苦途中背靠着背、相互砥砺的同盟。曾经多么的意气相投、情深谊长，此刻的烟消云散就有多么的伤心怨恨。他很快就得了肺病，而且格外严重，从这一年的十月起，连续几十天发烧、咳嗽，还吐了血。在二日、三日、四日、六日、八日、十一日、十五日、十七日的日记中都有前往医院看病的记载，病中还只能喝粥，直到十一月八日起才开始重新进饭，此后又多次去医院就诊。在身体几近崩毁的同时，他的精神也一度濒临危境，在砖塔胡同期间甚至曾声明两条定例：一者不再与新认识的人往还，二者不再与陌生人认识——他对人性的绝望实在已经到了无以复加的程度。鲁迅一年后写《〈俟堂专文杂集〉题记》时署名“宴之敖者”，其中的“宴”，由宀、日、女三部分组成，“敖”的古字则由出、放两部分组成——意思很明确：自己是被家里的日本女人放逐出来的人。到了1926年鲁迅更是在小说《铸剑》中写到一个叫宴之敖者的黑衣复仇者，他对羽太信子的深恶痛绝可想而知。

这真是巨大的不幸，因为母亲温柔的毒药他必须与自己不爱甚至说不上几句话的妻子一起生活，鼓起勇气想要获得家庭的温情却又被至爱的兄弟驱逐。难道命运连普通人所拥有的最起码的幸福也不打算施予他吗？无话可说，无法可想，对鲁迅而言，“家庭”这个概念如今已经几乎完全破碎了，他成了寒冷的北京城里孤独的异乡人。

除了世俗生活中求之不得的幸福，鲁迅在20年代中期遭遇到的更大危机来自思想上。到了1923年，当年麇集矢志从事文学革命和思想启蒙运动的《新青年》同人已经瓦解，而这瓦解的根源是早就已经奠定的。这是个风云激荡的时代，伴随着新旧之间交替、缠绕、突进、循环、回旋的同时，人们的思想、情感和行为尤其是政治立场和人生观也都随着急遽变幻的环境而变动无常。事实上，新知识分子早年的联合也不过是表面性的，不过是因为面对着共同的由旧文人和旧官绅组成的敌人。在那个传统价值观念和文化体制遭遇极大挑战的时代，他们至少都认同西学，主张对国学重新评估，然而他们的生活经验、个性气质以及对西学的接受和理解事实上却千差万别。如此，他们固然能在反传统上达成基本一致，一旦由破坏进入建设，却不可避免地出现思想和行动上的分歧。

当时新知识分子间一个更重要的冲突是如何面对现实政治。1915年陈独秀创办《青年杂志》的时候，由于对现实政治的失望，认定要造成社会的根本变革首先需要在思想上唤醒人们，尤其是年轻人觉醒之后，中国才有可能摆脱封建旧习和你方唱罢我登场的军阀的桎梏。因此，他无意对现实政治进行直接批评，而专注于养成能够“发挥人间固有之智能，抉择人间种种思想——孰为新鲜活泼而适于今世之争存，孰为陈腐朽败而不容留置于脑里”的新青年。1917年杂志改名《新青年》并搬至北京后，这条致力于思想启蒙运动的路线得到了巩固。譬如胡适1917年夏天从美国归国途中听说张勋复辟的消息，便下定决心“二十年不谈政治，二十年离开政治，而从教育思想文化等等、非政治的因子上建设政治基础”，其他新知识分子也大抵抱持着相同的态度。应该说，这是一种更深远的考虑。

然而，现实的逻辑在于计划永远赶不上变化，也在于人往往并不是按最合理性的算计行事。作为当时思想界的领袖，陈独秀本就有着颇为尖刻乖张、壮怀激烈的性情，对国家民族也始终保持着极强烈的忧患意识和责任感。到1918年，他对段祺瑞政府的种种做法忍无可忍，越来越倾向于群众运动和社会主义，于是创办《每周评论》，直接开始讥议时政。与此同时，另外一部分人则日渐趋向于缓和，坚持要从思想文化入手。不过真正的分裂始于1919年5月4日爆发的“五四运动”，在此之前各方仍能维持温和的妥协与和平。“五四运动”让陈独秀兴奋不已，冲上北京街头的激进学生以及随之而起的全国运动，都让他像发现新大陆一样找到了群众运动的伟力。他认为“五四运动”之所以能够成功，主要就是因为学生们一开始就采取了有组织的行动，将从一开始就具有强烈政治意义的群众运动扩展到全国，以至于在6月9日与李大钊拟定的《北京市民宣言》中宣称：“倘政府不顾和平，不完全听从市民之希望，我等学生商人劳工等，惟有直接行动以图根本之改造。”因为散布这份宣言，他在两天后被捕，后由于多方营救三个月后出狱，却愈挫愈勇，选择南下上海，临行前与已经转变为马克思主义者的李大钊相约在京沪两地分别建立中国共产党。

至于胡适，则一心抱定不谈政治的主张，虽然也在现实的严厉催讨下不断降格，对时局偶有“宁鸣而死，不默而生”的发声，但更多的还是对思想文化建设的强调。1920年8月1日，面对愈加高压的军阀统治，胡适、陶孟和、高一涵等人发表了一篇《争自由的宣言》，其中写道：

我们原本是不愿谈实际政治的，但实际的政治却一刻也不能妨碍我们。辛亥革命到现在已经九年了，在这九年的假共和的统治下，我们饱尝了种种不自由的痛苦。无论政局怎样的变动，执政党怎样的变换，这痛苦丝毫未变。政治逼得我们到了这种境地，我们便不得不起一种彻底的觉悟，认定政治如果由人民发动，不得不先养成国人思想自由评判的真精神的空气，我们相信人类自由的历史，没有一国不是人民费去一点一滴的血汗换来的，没有肯为自由而战的人民，绝不会有真正的自由出现，这几年军阀政党敢这样横行，便是国民缺乏自由思想自由评判的真精神的表现。

可以看到，尽管不断高压的军阀统治令他们悲愤异常，他们却始终寄望于养成具有独立精神和自由思想的公民，并认为这才是“彻底的觉悟”。但面对国民的麻木不仁和军阀的置若罔闻该怎么办呢？他们是没有能力回答这个问题的。也正因为这样，如果说两年前陈独秀尚且认同这种态度，如今这位不断左倾的“总司令”却早已不满足于这种表态。陈独秀到上海后，很快便将《新青年》编辑部移到上海编印，1920年5月的《新青年》是劳动节专号，此后越来越激进和政治化。

分歧是不可避免了。陈独秀、李大钊等人越发觉得胡适、陶孟和他们变得过于保守，而后者则抱怨《新青年》政治色彩太浓，介入现实的动机太过强烈。因此，胡适提议，要么另办一个专事思想启蒙的杂志，要么将《新青年》重新迁回北京编辑并重申不谈政治的宗旨。虽然陈独秀并不同意，但经过反复讨论，这一主张得到了在北京的周作人、钱玄同、陶孟和、高一涵等人的普遍认同，李大钊为了避免分裂也同意了这一建议。鲁迅此时仍然认为思想启蒙是更为关键而根本的，况且从日本时期他就认定自己天性并不适合从事直接的政治革命，于是也站在了胡适这一边。就在此时，也就是1921年1月，《新青年》在上海法租界被封禁，陈独秀随即将它移到广州出版，把它改造为中国共产党的机关刊物。一年后的1922年5月7日，胡适、高一涵、陶孟和在北京创办了他们自己的《努力周刊》，从1917年开始的新知识界精英们长达四年的联盟宣告终结。

风流总被雨打风吹去，不过这也不必引以为憾。新生之物坚定无比往往是因为青涩和幼稚，一旦复杂性现身，它就会变得犹疑、拉扯、回返、逡巡——而无论个体的生命成长还是社会的发展变革都是复杂的，“春蚕到死丝方尽”，痛苦是永远的道路。不过对于鲁迅而言，随着新知识分子阵营的瓦解，他似乎再次成为了边缘人物。不同于陈独秀、李大钊对直接政治实践的热衷，他仍然倾向于从文学和思想入手进行大众启蒙；而不同于胡适等人温和的改良主义和标榜学术客观的、要给各家学说以各自价值的“整理国故”，他在思想路线上的态度又是激烈的。这也不必引以为憾，对于他，寂寞早已是老友。

然而，新敌却早已整装待发了。从1925年起，鲁迅与“现代评论派”作家爆发了一场著名的论战，这场论战在他整个生命历程中也占据着重要位置。所谓“现代评论派”是指《现代评论》杂志的主要撰稿人组成的松散联合，他们大多是欧美留学归来的年轻教授。《现代评论》是《努力周刊》1923年10月停刊后一年多，胡适与陈源、徐志摩等人一起创办的一个学术文化刊物。不过论战的导火索却是前一年爆发的女师大驱杨风潮。杨荫榆（1884—1938），出生于江苏无锡的一个书香门第，早年曾留学日本，后又赴美，1922年获得哥伦比亚大学教育学硕士后回国，两年后被北洋政府征召入京出任国立北京女子师范大学校长，成为中国近代史上第一位女性校长。既携带着欧风美雨，又有首位大学女校长的光环加成，已经受过新思想洗礼的学生们一开始对她是颇怀期待的。不过这期待很快就落空了，这杨校长虽然拿了个教育学洋文凭，骨子里信奉的教育思想却是格外保守的。她特别强调学风和秩序，坚决反对学生参加社会运动，排挤意见相左的教师，并且宣称“窃念好教育为国民之母，本校则是国民之母之母”，一心要确立自己的大家长地位以培养“国民之母之母”了。然而，学生们经过新文化运动早已对一切家长制度和礼法视若封建魔鬼，对社会的改革运动充满参与热情，因此暗地里纷纷讥诮她为“国民之母之母之婆”。冲突很快被引爆，1924年秋季入学之际，因为南方大水和江浙战乱的影响，一部分学生回校途中耽误了一两个月，没有按时报到。杨荫榆决定整顿校风，计划将逾期到校的学生统统开除，但在具体处理中又严厉处置了素来并不太听话的国文系三名学生，对与自己关系好的学生却放过不问。新仇旧怨，杨荫榆的种种做法终于点燃了学生们的反抗热情。很快就有一部分学生组织了女师大学生自治会，在1925年1月向杨荫榆递交了要她去职的宣言，并派代表前往教育部申述她任校长以来的种种问题，请求教育部撤换校长。3月，缔造民国的孙中山先生在北京病逝，杨荫榆却站在北洋军阀政府一边禁止学生开展纪念活动。4月，教育总长章士钊强调“整顿学风”，公开支持杨荫榆。5月9日是袁世凯与日本签订卖国的“二十一条”的国耻日，杨荫榆再次与学生发生冲突，随后在一家饭店里召集自己这一方的教职人员，以学校评议会决定的形式，试图“合法地”将学生自治会中刘和珍、许广平等六名成员开除。当一个不合理的事物却是合法之时，正义的彰显就只能通过非法的斗争。11日，女师大学生召开紧急大会，决定驱逐杨荫榆，并出版《驱杨运动特刊》。大半年来，双方你来我往、针锋相对，积怨越来越多，和解的可能性已经彻底失去了。

在这种情况下，始终怀着激烈反叛之心的鲁迅忍无可忍了，况且他此前在女师大兼职时是与刘和珍、许广平等向来熟悉的。5月10日、11日、14日，他接连写了三篇文章发在《京报副刊》的“忽然想到”专栏。依然是从国民性的揭露出发，他指出当前中国的大道上多的是“凶兽样的羊，羊样的凶兽”，“他们是羊，同时也是凶兽；但遇见比他们更凶的凶兽时便现羊样，遇见比他更弱的羊时便现凶兽样”，本质上却都是同一样东西。

我还记得中国的女人是怎样的被压制，有时简直并羊而不如。现在托了洋鬼子学说的福，似乎有些解放了。但她一得到可以逞威的地位如校长之类，不就雇用了“掠袖擦掌”的打手似的男人，来威吓毫无武力的同性的学生们么？不是利用了外面正有别的学潮的时候，和一些狐群狗党趁势来开除她私意所不喜的学生们么？……在黄金世界还未到来之前，人们恐怕总不免同时含有这两种性质，只看发现时候的情形怎样，就显出勇敢和卑怯的大区别来。可惜中国人但对于羊显凶兽相，而对于凶兽则显羊相，所以即使显着凶兽相，也还是卑怯的国民。

这显然已经是针对杨荫榆无疑。此外他还对章士钊一面摆出“缅怀古昔”的遗老模样，一面又对学生专用高压手段加以讽刺。当月27日，《京报》发表了由鲁迅拟定，马裕藻、钱玄同、沈兼士、周作人等七人共同签署的《对于北京女子师范大学风潮的宣言》，明确反对杨荫榆封建家长式的统治，支持学生的反对活动。

很快就有“正人君子之流”跳出来了，而且这正人君子还是自己的同事、北京大学的教授们。1925年5月30日，陈源在自己主持的《现代评论》“闲话”专栏发表《粉刷茅厕》，说“女师大的风潮，有在北京教育界占最大势力的某籍某系的人在暗中鼓动”——这是在影射同为浙江绍兴人的鲁迅、周作人、蔡元培、许寿裳了；并且指责他们在此次风潮中“未免偏袒一方”，“不太公允”，还认为学生们闹得太不像样了，让“教育界的面目也丢尽”。在陈源这样的名教授看来，学校和社会就应该有一个样子，有一个尊卑有序的秩序，面对不安分的学生则应该严加整顿，“就好像一个臭茅厕，人人都有扫除的义务”，话语间的腾腾杀气已经很是明显。

看到陈源文章的当天，鲁迅就写了一篇《并非闲话》驳斥其颠倒黑白的行径，文章最后他针对陈氏要求有斩钉截铁的办法来整肃学潮，说：“世上虽然有斩钉截铁的办法，却很少见有敢负责任的宣言。所多的是自在黑幕中，偏说不知道；替暴君奔走，却以局外人自居；满肚子怀着鬼胎，却装出公允的笑脸；有谁明说出自己所观察的是非来的，他便用了‘流言’来作为不负责任的武器：这种蛆虫充满的‘臭茅厕’，是难于打扫干净的。”鲁迅依然用自己擅长的方法，将对手们的原话更加犀利、刻薄却又无可辩驳地抛回给对方，一下子就使那戴着名教授面具的牛鬼蛇神的真身显露了出来。两天后他又写了一篇《我的“籍”和“系”》，针对陈源所影射并深表可惜和遗憾的“挑剔风潮”，他表示要把对方的“平素所很尊敬”统统归还，因为他早已明白：“我们的乏的古人想了几千年，得到一个制驭别人的巧法：可压服的将他压服，否则将他抬高。”而这抬高其实也是压服，因为可以常常表示出“你应该这样”，不然，那被抬高的人便会失掉他们的抬高；于是，许多乏人和白痴便穿着圣贤的衣冠被杀掉了——这“尊敬”的流毒，是不下于流言的，所谓“捧杀”正如是。

鲁迅与陈源的笔战持续了很久，后来甚至还牵连到徐志摩等人，而随着女师大风潮的不断激化，战线也蔓延到了当时的教育总长章士钊身上。1925年8月8日，章士钊在自己创办的《甲寅》周刊上发表了一篇《停办北京女子师范大学呈文》，鲁迅针对其中一句密加圈点、被章氏引为得意之笔的“钊念儿女乃家家所有良用痛心为政而人人悦之亦无是理”一句，他大加讽刺:“比起何栻《齐姜醉遣晋公子赋》的‘公子固翩翩绝世未免有情少年而碌碌因人安能成事’来，就显得字句和声调都怎样陋弱可哂。何栻比他高明得多，尚且不能入作者之林，章士钊的文章更于何处讨生活呢?”,并说“我中国自有文字以来，实在没有过这样滑稽体式的著作……倘说这是复古运动的代表，那可是只见得复古派的可怜，不过以此当做讣闻，公布文言文的气绝罢了。”——章士钊是向来严厉反对学生参加政治运动，一心主张闭门读经书的。

就这样，由于为女师大学生们争自由的运动鼓舞呐喊，鲁迅不仅得罪了现代评论派那一众新知识分子，还惹恼了自己在教育部的上司章士钊，而后者随即安了个罪名将其撤职了。他在充斥着官僚、旧文人和名教授的北京城中是越来越边缘化了。

1926年3月18日，北京学生抗议日本军舰炮击天津大沽口的侵略行为，向北洋政府请愿，段祺瑞政府下令卫兵用步枪大刀包围屠杀徒手的学生，女师大学生刘和珍、杨德群等人不幸罹难。呜呼！自己国家的学生抗议外敌侵略，竟首先遭致本国军队的屠戮，这实在是“民国以来最黑暗的一天”！由这悲哀鲁迅品尝到了自己深深的无力，在当夜所作的《无花的蔷薇之二》中他写道:“现在，听说北京城中，已经施行了大杀戮了。

当我写出上面这些无聊的文字的时候，正是许多青年受弹饮刃的时候。呜呼，人和人的魂灵，是不相通的。”而在文章末尾又质疑道：“以上都是空话。笔写的，有什么相干？”在鲁迅所有的文学作品中，这是他第一次袒露出主体认同的危机——他是一名作家，此刻却质疑文字的意义。周围洋溢着的四十多个青年的血令他艰于呼吸视听，几个学者文人认为学生本不该自蹈死地的言论尤其令他出离愤怒，然而深重的悲哀和危机却使他几乎失语，直到4月1日这沉郁焦灼的情感才喷薄而出，化为长歌当哭的《记念刘和珍君》。这篇宣称要“深味这非人间的浓黑的悲哀；以我最大的哀痛显示于非人间，使它们快意于我的苦痛，就将这作为后死者的菲薄的祭品，奉献于逝者的灵前”的纪念文章是近代史上的散文名篇，更是他生命的巨大悲歌：

真的猛士，敢于直面惨淡的人生，敢于正视淋漓的鲜血。这是怎样的哀痛者和幸福者？然而造化又常常为庸人设计，以时间的流驶，来洗涤旧迹，仅使留下淡红的血色和微漠的悲哀。在这淡红的血色和微漠的悲哀中，又给人暂得偷生，维持着这似人非人的世界。我不知道这样的世界何时是一个尽头！

……

惨象，已使我目不忍视了；流言，尤使我耳不忍闻。我还有什么话可说呢？我懂得衰亡民族之所以默无声息的缘由了。沉默呵，沉默呵！不在沉默中爆发，就在沉默中灭亡。

……

时间永是流驶，街市依旧太平，有限的几个生命，在中国是不算什么的，至多，不过供无恶意的闲人以饭后的谈资，或者给有恶意的闲人作“流言”的种子。至于此外的深的意义，我总觉得很寥寥，因为这实在不过是徒手的请愿。

在文末，鲁迅写道：“苟活者在淡红的血色中，会依稀看见微茫的希望；真的猛士，将更奋然而前行。”这是他从这一回在枪弹中互相救助、虽殒身而不恤的中国女子的勇毅中寻得的将来的意义，然而这浸满苦痛和悲观意义的表述中却暗含着令人惊心动魄的深刻危机。他与钱玄同谈论过铁屋子，那时候他虽然自有他的无望，却也愿意告诉自己“希望是在于将来，决不能以我之必无的证明，来折服了他之所谓可有”。那时候他说：“在我自己，本以为现在是已经并非一个切迫而不能已于言的人了，但或者也未能忘怀于当日自己的寂寞的悲哀罢，所以有时候仍不免呐喊几声，聊以慰藉那在寂寞里奔驰的猛士，使他不惮于前驱。”这两次关于生命意义的用语颇为接近，但仔细看却容易发现基调之对立。《呐喊》时期他仍在参与新文化运动，经历着生命中少有的适意，因此并未对自己的“呐喊”丧失信心；到了1926年，他却认为只有“淡红色的血色”会使希望的身影微茫现身，并让猛士们奋然前行了——至于自己作为呐喊的文字，却不过是手写的，有什么相干呢？我们也还记得当年陈天华、秋瑾、徐锡麟等革命志士的慷慨赴死曾给他造成多么强大的精神压迫，他很清楚自己的个性、气质都并不适合从事直接的革命行动，因此只能通过文字上的呼喊来祭奠逝去的同志，去推动社会的艰难进步。然而他此刻对文字的信念已近乎崩塌。在墨染般的深夜里猛烈吸着自己的廉价香烟、在星火之间大口吐出烟雾、又在烟雾缭绕的逼仄狭室中艰难呼吸，这时他是否会再次想起亡友范爱农那在菱荡里直挺挺立着的尸身——在这浓黑的非人间的世界上，连彷徨都已无地，遑论呐喊?

对一个战士来说，枪是胜过生命的；对一个作家而言，文字则是他的枪。从女师大风潮到与“现代评论派”的争论再到三一八惨案，这一连串发生在20年代中期的事件催生了鲁迅辛亥革命后的第二次精神危机，这危机很可能是他生命中最为严重的一次——他几乎已经到了缴械的境地，开始对自己手中的枪产生了极端而激烈的质疑。这质疑一旦产生，也许就将如鬼影般终生伴随，1926年10月14日夜里，他编完当年的杂文后写下了下面八句话：

这半年我又看见了许多血和许多泪，
然而我只有杂感而已。
泪揩了，血消了；
屠伯们逍遥复逍遥，

用钢刀的，用软刀的。

然而我只有“杂感”而已。

连“杂感”也被“放进了应该去的地方”时，

我于是只有“而已”而已！

他还是对自己只能做做文章和杂感而愤愤不平，看似自我调侃的文字背后掩藏不住的是深深的无奈。两年后，他编完1927年的杂文集后，便将这八句话取来放在那里，并将那本集子命名为《而已集》。如此漫长而大范围的对自己生命活动的质疑是任何一个人都难以承受的，我们实在很难想象他是在怎样呼告无望的心境中写下那些文字。

不过毫无疑问的是，这些一再现身的质疑表明了他此前为自己选择的思想启蒙路线如今正在急遽地陷落。启蒙，启蒙，如何启蒙，启蒙谁，启蒙之后又该往哪儿去？这一切都让他踌躇万分了。冥顽不化的旧文人和旧官僚他是见得多了，他们的存在或许足以证明启蒙之必要了吧；但那被启蒙接着就被杀害的青年们呢，还有那似乎被启蒙接着就露出封建家长的真身、专事镇压青年们的新文人和名教授呢？自己固然痛恨未被启蒙者的下劣愚昧，又何尝能够承担得起被启蒙者的牺牲呢？

辛亥革命兴起了，旋即又退潮了；新文化运动兴起了，旋即也退潮了。潮水退散之后，裸露出来的是蛮荒的地表；站在这片无边无际的蛮荒之上，鲁迅遇到的是无可排解的空虚。或许正因为这种空虚，在日后结集命名为《彷徨》的小说集中，他塑造了一系列灵魂被粗暴的风沙吹得寂寞、愁苦的启蒙知识分子形象。

在1924年创作的《祝福》中，他依然回到自己熟悉的故乡鲁镇，写一个在众人忙碌着年终祭礼大典时死去的老乞妇祥林嫂。

从家庭生活的幻灭到新文化运动阵营的瓦解再到三一八惨案中青年学生的牺牲，这一时期的鲁迅迎来送往，触到的却是生活彻底的荒凉。这荒凉肆意蔓延着，于是从祥林嫂到吕纬甫再到魏连殳，他文字的国度里开始异常密集地出现死亡意象，他们无一不是生活中无所寄望、无可信靠的失败者，象征着他对启蒙、对国民性改造事业甚至对自己文学和生命意义的巨大怀疑。如果说绍兴会馆时期他经历了第一次精神危机，那么，此时便是远为深重的第二次危机。他一生追求的支点都在于那“别样的人”，在于《文化偏至论》中所向往的“掊物质而张灵明，任个人而排众数”的具有充分个性的自由人，因此，这一次精神危机的核心在于对人性的激烈怀疑甚至全面否定。

早在1919年的《我们现在怎样做父亲》一文中，鲁迅就从进化论里发展出对自己生命使命的看法：“但祖父子孙，本来各各都只是生命桥梁的一级，决不是固定不易的……没有法，就只能从觉醒的人开手，各自解放了自己的孩子。自己背着因袭的重担，肩住了黑暗的闸门，放他们到宽阔光明的地方去；此后幸福地度日，合理地做人。”也就是说，他认为每个人都是进化过程的一个中间项，先觉醒的人应该一方面清算自己身上封建传统文化遗下的流毒，另一方面为孩子创造新生的环境。到了1926年的《写在〈坟〉后面》时，他明确提出了自己的“中间物”思想，却不再如此前的乐观。

他深知自己自觉不自觉中饮下了太多传统的毒药，事实上，《孤独者》中魏连殳在祖母死后遵从一切照旧的丧葬仪式正是对他自己生活经验的实描，而他也曾为了不让母亲失望而接受了与朱安的包办婚姻。对此，他常常诅咒自己——反封建反到了自己的头上，这不得不说是一种悲哀和无奈，毕竟他因它的包孕而生而长；但这也是一场更勇敢的战争，毕竟从来都只有极少数人能够认清自己并向着自己挥刃。1919年的他侧重于如何抵达桥梁的彼端，如何创造新的生命；而1926年的他则更多地进行自我批判，流露出清醒而不乏残酷的自我毁灭意识。但不管怎样，他或多或少都保有着对孩子和青年们的期待，但在20年代中期，更多时候这种期待是被摧毁了的。早在1922年，鲁迅就从北京大学反对讲义收费的风潮中得到“即小见大”的启发，这场风潮如芒硝火焰般发生，又如芒硝火焰般告终，期间只开除了一个临时参加学潮的法文班预科学生冯省三，而学生们得胜之后也不见有人纪念、祝福他。“于是我竟悟出一件长久不解的事来，就是：三贝子花园里面，有谋刺良弼和袁世凯而死的四烈士坟，其中有三块墓碑，何以直到民国十一年还没有人去刻一个字。凡是牺牲在祭坛前沥血之后，所留给大家的，实在只有‘散胙’这一件事了。”所谓“散胙”，就是祭祀之后把祭肉分发给大家食用。牺牲成了散胙，这实在是他笔下怖烈慑人的另一个吃人意象，而在《孤独者》中他对忧郁慷慨的青年和腌臜吵闹的儿童都施以讽刺而厌恶的口吻来描写。如果说，此前他还是以“中间物”来寄望于青年们未来的黄金世界，此刻这黄金世界却坍塌了——青年们自己也成了吃人者。

从怀疑自己到怀疑青年，更不用说那些下劣凶残的作家、学者和官僚们以及卑怯残暴的国民，当一个启蒙者对自己的全部启蒙对象都产生怀疑时，已经很难想象他还会对像自己以前那样的启蒙活动具有信心。中国到处都是无形的壁，像“鬼打墙”一样，使人随时都碰壁。1926年11月他在写给许广平的信中不无悲哀地说：“你大概早知道我有两种矛盾思想，一是要给社会做点事，一是要自己玩玩。所以议论即如此灰色。”在另一些时候他把前者称为“人道主义”，代表他的文化启蒙立场，把后者称为“个人主义”，表示自己从朽坏的社会中逃身而出的欲望。在那个时候他正是更倾向于后者，然而，救亡和启蒙这些青年时就已流入血脉中的诉求岂是能够轻轻松松放下的？鲁迅这段时期多次标举出这两者，实在是因为它们在自己心中互相交战、缠斗不休。

20年代的鲁迅继续向前攀行，收获的却只是满掌的残损和鲜血。生活着却被放逐于生活之外，启蒙着却转身发现自己所有的启蒙对象都统统灭亡了，以至于对人性的怀疑首先就指向了对自己的激烈反对。身下是深渊，是地火，而他几乎就要坦然松手了。接下来，这位旷野中的孤独者又会向何方前行呢?

七、到南方去

吾令羲和弭节兮，望崦嵫而勿迫；路漫漫其修远兮，吾将上下而求索。

——屈原《离骚》

当鲁迅由20年代早期的呐喊转向中期的彷徨、生命重新陷入困境中时，有一个人闯进来了，一个在北京的南方女人带着她春风般的爱情闯了进来。许广平（1898—1968），出身于广州一个败落的官宦人家，她从小就养成了烈焰似的叛逆性格，1917年北上天津入读直隶第一女子师范学校预科后更是与周恩来、邓颖超等人一起参与了五四新文化运动。1923年，她考入北京女高师，成为了鲁迅的学生。她是多么敬爱讲台上这位老师呵，他的文字总予她悲喜、让她深思，而从他的眸子里她也总是能读出沉郁和激烈。但他的严肃又总是让人觉得难于靠近，以至于在很长一段时间里她只能在课堂上偷偷把他的肖像素描下来。1925年3月11日，许广平终于给鲁迅写了第一封信，信中写了自己对北京教育界的诸多不满，并热切呼求先生拯救自己的苦闷。在接下来的几封通信中，她讲出了自己对社会问题的诸多看法。不过鲁迅很快就袒露了自己灵魂的荒凉，他表示自己一生奋斗的结果不外乎用空论来发发牢骚。没想到这位前几日还自称是“一个谨受教的小学生”的姑娘这次却并没有顺从自己素来尊敬的师长，她在回信中将鲁迅和孙中山并提，说他们都是苦斗了一辈子却最终落得“无拳无勇”的人。因为她的反驳，鲁迅认真地调整了自己的看法:“改革最快的还是火与剑，孙中山奔波一世，而中国还是如此者，最大原因还在他没有党军，因此不能不迁就有武力的别人。近几年似乎他们也觉悟了，开起军官学校来，惜已太晚。”虽然他仍未放弃文化启蒙更为深沉根本的看法，但显然也已经注意到了南方新起的革命事业。

应该说，鲁迅与许广平的交往从一开始就是偏精神性的，而且因为彼此都是极有主见的人，他们的思想沟通也有了难能可贵的平等。从4月12日第一次造访西三条后，许广平常常来到鲁迅家中，除了探讨严肃的社会人生问题外，还可以无拘无束地谈天说笑，她还往往像孩子似的和同学们一起分吃主人的糖果，或抢走他桌上的小摆设。像一个从生活的河流上漂来的漂亮孩子，许广平用自己的沉毅勇敢和活泼聪慧悄悄打开了这位中年男子封闭太久的心房。那时候许广平正在积极领导女师大反对杨荫榆的运动，8月，女师大被北洋政府停办整改，她又与几个同学躲入鲁迅家中避难。在一段危险旅途中的携手互助使两颗心愈加靠近起来。

就在这时，鲁迅却畏缩了。自己已经45岁，常常有迟暮之感，而她才27岁，正是最好的年华；更重要的是，自己有家室，虽然朱安是母亲娶的媳妇，但在她，却是认定并追随自己多年的，此时抛弃她岂不是太残酷了么？但继续这名存实亡的婚姻难道不是对自己的残酷么？

然而，当爱情甜蜜的箭射来，有什么法子能躲得过去呢？又有谁不渴慕爱人温柔的微笑和深情的目光么？许广平炽热的情感迅速虏获了这颗尚在迟疑的心，他们的关系渐渐明朗了。10月12日许广平在鲁迅主编的《国民新报》副刊发表了《同行者》，其中写道："一个意外的机会，使得他俩不知不觉地亲近起来。这其中，自然早已相互了解，而且彼此间都有一种久被社会里人间世的冷漠、压迫、驱策；使得他俩不知不觉地由同情的相互怜悯而亲近起来。"这已经是在向世人宣告他们的爱情了。而在另一篇更加热烈的情书《风子是我的爱……》中她更加坚定而明确地说："不自量也罢！不相当也罢！同类也罢！异类也罢！合法也罢！不合法也罢！这都于我们不相干，于你们无关系，总之，风子是我的爱……"这坚定而热烈的告白，不仅是对着外界，更隐隐向着她的爱人——道德家的敌意和流言她全都不怕，只愿执子之手看生活究竟要将这一对爱人带往何处，从此无怨无悔、不顾不返。鲁迅感受到了这心意，于是写下：“你用你的温热，将我惊醒了。”他对她是感激的，因为是她将自己从生命的无限沮丧中解救了出来，品尝到了那令人狂喜的爱情。但这还远远不够，他必须做出决定了。

不知不觉中，他的未来计划中已经有了她的位置，而北京却已经无法再安放他和她的未来了。那就走吧，本来就无所留恋，况且时局已经变得越来越险恶了。先是因为三一八惨案后他发表了《记念刘和珍君》等批判文章，很快就上了执政府的通缉名单，不得不在北京城的租界里过上了逃亡的生活；而后则是各处的欠薪，往往几月才发一次。最基本的生存压力以及政治流亡严重影响到了他的文学创作，更不用说他此时承受的巨大的精神危机，他几乎已经对这寒冽的北京城无话可说了。就在这时他经由老友林语堂的推荐，接到了厦门大学的聘书，月薪四百元，是一笔很可观的数字了。他早就想去南方看看，听说那边是很有些新气象的。1926年夏，许广平从女高师毕业，经熟人推荐后回到自己的母校广东省立女子师范任职，鲁迅则接受了厦大的聘书，任国文系教授兼国学院研究教授。他们约定同时启程南下，并决定先分头为社会服务两年，一方面为事业，一方面也为未来共同的生活攒一点必需的钱，两年后再相见。

1926年8月27日下午，鲁迅启程赴厦门。对北京他是无所谓告别的，逃离仿佛已经成了宿命，只是这一次，爱情大概会

北伐敢死队

增加他不少豪气吧。9月4日抵达厦大后，暂住生物学院大楼三层，这楼就在海边，日夜被海风呼呼地吹着。

厦门，地处福建南部的一座小岛，早年主要用于海防，明朝灭亡后曾经是郑成功抗清的最前沿；1842年第一次鸦片战争后作为五个通商口岸之一被迫开放，此后迅速发展起来，但终究是偏安东南海隅的一座小城，比不得广州，更不用说京沪了。厦门大学于1921年由当时的南洋巨贾、厦门集美人陈嘉庚出资创办，选在厦门岛南端的厦港片区，背靠千年古刹南普陀寺，面朝东海。陈嘉庚立校之初发下宏愿，希望外国商船一驶进厦门海域首先入眼的就是中国的一所高等学府。因此，经过创校之初的筚路蓝缕后，厦大开始谋求更大的发展，1926年他们在上海《申报》和《时事新报》投放“革新消息”，称陈嘉庚将增拨基金和经费，大规模地扩充学校，并增设国学研究院，同时延聘名师，首先便请同为闽南人的著名文学家林语堂出任文科主任兼国学研究院总秘书，再由他出面招揽各方才俊，与鲁迅同期来厦的就有沈兼士、孙伏园、顾颉刚等文化名流。

鲁迅到厦门后，终日懒在生物楼中，贝壳是捡了几回，对独异的闽南风物倒也并没有特别敏感，到处都是红红黄黄的不谢的树和花，绚烂的单调，又有什么好看的？以至于他在11月7日写给李小峰的信中如此说：“我本来不大喜欢下地狱，因为不但是满眼只有刀山剑树，看得太单调，苦痛也怕很难当。现在可又有些怕上天堂了。四时皆春，一年到头请你看桃花，你想够多么乏味？即使那桃花有车轮般大，也只能在初上去的时候，暂时吃惊，决不会每天做一首‘桃之夭夭’的。”令他牵挂多日的倒是住处不远处的一段城墙，据说是郑成功筑造的，想到除台湾外厦门是满人入关后中国最后灭亡的地方之一，委实觉得可悲可喜。可接着就又听说这城脚的沙，被人挖掘盗运到对面鼓浪屿，快要危及城基了。有一天清晨他果然看见许多小船，吃水很重，都张着帆向鼓浪屿驶去，大约就是卖沙的同胞吧。

9月20日厦大开学后，鲁迅开设了小说选及小说史、文学史纲要两门课，从此把主要精力放在了编讲义上，创作上，这地方太过安静了常常令他感慨写不出什么话来。然而，不安静很快就到来了。当时的文科主任办公室襄理黄坚是陈源的信徒，惯于油嘴滑舌和党同伐异，鲁迅到校后，他多次借题制造麻烦，鲁迅在让他碰了两个钉子后决定辞去国学院兼职。不过却终究辞不掉，两天后聘书又送了过来，听说林语堂为此一晚睡不着，鲁迅只得收下。一波未平一波又起，接着就有顾颉刚了，这位宣称自己只崇奉胡适和陈源的年轻历史学家不久前刚刚提出“古史辨”，在史学界造成了一场疑古的地震，从而成为炙手可热的学术新星。厦大把他请来后，鲁迅本来已经暗暗心惊，此时再一调查却只剩下愤怒和不屑了，原来经他引荐的人则有七人之多。冤家路窄，排挤和压迫肆意铺陈开来，顾颉刚们颇注意鲁迅，攻击他是名士派头。真是没想到，自己刚刚逃出北京，竟一脚又踏入了现代评论派在厦门布的阵，他在随后给许广平的信中说：“我以北京为污浊，乃至厦门，现在想来，可谓妄想，大沟不干净，小沟就干净么？”还不仅仅是现代评论派余党们的攻击，令鲁迅气闷的还有当时整个学校的氛围，主事者简直只能用“肉食者鄙”来形容，虽然陈嘉庚矢志要打造一流学府，但当时的校长林文庆却竭力提倡复古、尊孔，学生们也依然仍用文言写作——新文化运动已经兴起并持续了十年，这里却像是被放逐在时代潮流之外，“不知有汉，无论魏晋”地安于自己的保守和无知，真是一座无所希望的荒岛呵！可笑的是这张口闭口不离孔子的林校长也有显赫的西洋教育背景，曾入读英国爱丁堡大学，是获得英国女皇奖学金的第一个中国人。也是这位林校长，待国学院请来了多位知名学者后，却抓紧削减国学院预算经费了，他向来是主张文言文的，自然看不惯主张白话文的林语堂、鲁迅等人。鲁迅听说削减经费的消息大为忧愤，预算本来就不多，现在不增反减，国学院成立已经半年，国内外各地送来了许多东西，但这边却连一期刊物也还没出，经费一减印行刊物更无可能，那么人们会认为国学院这批人过来半年只是吃白饭而已。但抗议就是无效，第一期《国学季刊》终究还是胎死腹中；但林校长偏偏又要添顾问，如理科主任之流，都是顾问，据说是要联络感情用的。渐渐地鲁迅觉出这学校的中枢只在于“钱”，绕着这东西的是争夺、骗取、斗宠、献媚、叩头。12月12日，他受邀参加平民学校成立会，在自己演说五分钟之后又有诸校长之辈上台胡说直到十一点，其中一个留学西洋的教授说："这学校之有益于平民也，例如底下人认识了字，送信不再会送错，主人就喜欢他，要用他，有饭吃……"呜呼，目不忍视、耳不忍闻，鲁迅只能逃出会场。

因此种种，他在来厦一个多月后的10月16日，就在给许广平的信中第一次表达了出走的心思："我现在很想至多在本学期之末，离开厦大。"这愿望越来越强烈，终于下定决心。在接下来无聊而寂寞的几个月里，他时常想起自己的少年往事，半生已如白驹过隙，五老峰下的乱坟常常令他觉得人生可悯。正是在这种清凉而孤寂的心境中，他陆续写下了一些日后结集为《朝花夕拾》的回忆散文，《从百草园到三味书屋》《父亲的病》《琐记》《藤野先生》《范爱农》等等，无一不在平淡从容的文辞中或彰童趣或显愁肠，成为中国现代文学史上的又一经典。

带露折花，色香自然要好得多，但是我不能够。便是现在心目中的离奇和芜杂，我也还不能使他即刻幻化，转成离奇和芜杂的文章。或者，他日仰看流云时，会在我的眼前一闪烁罢。

我有一时，曾经屡次忆起儿时在故乡所吃的蔬果：菱角、罗汉豆，茭白，香瓜。凡这些，都是极其鲜美可口的；都曾是使我思乡的蛊惑。后来，我在久别之后尝到了，也不过如此；惟独在记忆上，还有旧来的意味留存。他们也许要哄骗我一生，使我时时反顾。

一个人孤独地反顾自己明知已成幻梦的昨日往事，他的心情该是有多么凄凉呢?

1927年1月16日，鲁迅在来厦不到五个月后搭乘苏州号轮船赴广州，两天后抵达，住进中山大学大钟楼——还在厦门的时候他就接受了中大的聘书，出任国文系主任和教务主任。鲁迅之来广州，除了与许广平相聚外，也是有自己的野心的，早在去年11月7日他就在写给许广平的信中说：“其实我也有一点野心，也想到广州后，对于‘绅士’们仍然加以打击，至多无非不能回北京去，并不在意。第二是与创造社联合起来，造一条战线，更向旧社会进攻，我再勉力写些文字。”所谓创造社是1921年由留学日本的郭沫若、成仿吾、郁达夫、田汉等人创立的文学社团，早期反对封建文化和复古思想，强调“为艺术而艺术”，崇尚天才，热情呼唤自我表现和个性解放；而几年后其成员渐渐转向左翼，积极鼓动革命文学。应该说鲁迅选择广州作为实现自己野心的地方是明智的。1924年，孙中山在中国共产党的参与和帮助下，召开国民党第一次全国代表大会，成功改组国民党，并将自己的思想发展为“联俄、联共、扶助农工”的新三民主义，标志着第一次国共合作的正式确立。此后国民大革命勃然而起，1926年，轰轰烈烈的北伐战争正式拉开序幕，烈焰所到之处，无不披靡，很快就扩展到长江流域。因此，当时而言，南方确实代表着一股可能带来国族新生的热力。然而在鲁迅抵达广州之后，两广已经由革命的前沿转为后方，郭沫若、郁达夫等人也已离开，市面上的思想文化读物依然充斥着商业味道，因此他才会在1月25日中大学生欢迎会上的演讲中首先感慨广州实在是太平静了，并在最后疾呼：“现在不是沉静的时候了，有声的发声，有力的出力，现在是可以动了，是活动的时候了！”广州的人们似乎也确实被他鼓动了，一时间，他先行寓居的大钟楼和随后迁居的白云楼成了灯塔，日夜都有络绎不绝的各界名流、青年学子来拜访、请教。

风起云涌，鲁迅感受到了某种大时代的召唤，他也适时做出了回应。4月8日，他在共产党员应修人的陪同下赴黄埔军校作“革命时代的文学”的演讲。他首先讲到自己在北京的时候遇到执政府开枪打学生，于是感慨：“文学文学，是最不中用的、没有力量的人讲的；有实力的人并不开口，就杀人，被压迫的人讲几句话，写几个字，就要被杀；即使幸而不被杀，但天天呐喊、叫苦、鸣不平，而有实力的人仍然压迫、虐待、杀戮，没有办法对付他们，这文学于我们又有什么益处呢？”我们已经知道他20年代中期在北京城的种种际遇，尤其是三一八惨案使他陷入了生命中前所未有的巨大危机，简直要把自己逼到魏连殳那般彻底的虚无主义者的道路上去了。然而，魏连殳最终孤独死去了，而他却愿意继续活下去。鲜血和虐杀已经证明温和的思想启蒙路线遭受到难以跨越的挫折，这意味着他必须为自己也为国家民族寻找到另一个更为坚实的支撑物，于是他接着说下去："到了大革命的时代，文学没有了，没有声音了，因为大家受革命潮流的鼓荡，大家由呼喊而转入行动，大家忙着革命，没有闲空谈文学了……中国现在的社会情状，只有实地的革命战争，一首诗吓不走孙传芳，一炮就把孙传芳轰走了。自然也有人以为文学于革命是有伟力的，但我个人总觉得怀疑，文学总是一种余裕的产物，可以表示一民族的文化，倒是真的。"显然，他找到的这支撑物就是革命，是刀与剑、炮与火交织而成的国民大革命。而这支撑物也意味着他开始对自己整个的世界观做出调整，一方面他似乎放下了留学日本时就已确立、北京时期尽力践行的文化启蒙路线，虽然在过往二十余年的生涯中他多次徘徊在思想革命和直接的政治行动之间，但总体而言还是一位启蒙知识分子，但此刻转而却鼓吹革命战争了；另一方面他也由对"剖物质而张灵明，任个人而排众数"的尼采式个人主义悲剧英雄的向往转而赞美集体性的、工农的革命。可以说，革命形势的蓬勃发展确实使他看见了一丝光，使他从逃离北京时阴郁、颓丧的迫人心境中超拔而出，获得了鲜有的积极情绪。

然而，黄金世界终究没有到来，它泻下的微光很快就被证明不过是山雨欲来。随着北伐的迅猛推进，对革命成果的争夺终于爆发了。4月12日，蒋介石在上海发动政变，收缴工人纠察队的武装，屠杀共产党人和革命群众，三天内，三百多人被杀，五百多人被捕，五千多人失踪，第一次国共合作彻底破裂了。15日，“清党”蔓延到广州，两千多名共产党员和左翼分子被杀害。四处都在追捕、处决、屠戮，之前狂热呼求着革命的青年也忙着投书告密、助官捕人，古老的广州城血雨腥风……

当天下午鲁迅冒雨赶往中大以教务长的身份召开各主任紧急会议，力主营救被捕的学生，但无人搭理，连之前公开宣布过要带学生往左走的人这回也反过来大骂共产党，说这是“党”校，凡是在这里做事的人，都应该服从国民党的决定，不能再有异议。刚刚垒起的希望转眼就被轰毁。4月26日他在白云楼上为编好的《野草》写下了题辞：

当我沉默着的时候，我觉得充实；我将开口，同时感到空虚。

过去的生命已经死亡。我对于这死亡有大欢喜，因为我借此知道它曾经存活。死亡的生命已经朽腐。我对于这朽腐有大欢喜，因为我借此知道它还非空虚。

无话可说，只能畅快着那大毁灭的大欢喜。无话可说。半年前他从阴郁的北京逃往明丽柔媚的南方，命运却毫不宽容，用他自己的话是“我漂流了两省，幻梦醒了不少”，广州“实是和我所走过的别处都差不多的”——他又被虚无紧紧缚住了。

八、最后的横站

1927年9月27日，四十六岁的鲁迅带着满心满眼的伤心来到了上海，并与许广平正式同居，住进景云里。这座城市将是他生命的最后一站，虽然他刚来不久就向友人抱怨过它的芜杂，还提及自己想要变换变换的愿望，但过尽千帆皆不是，他已经无处可逃了。

刚到上海时，报上谣传他将开书店，这惯用商人眼光看人的情状固然可哂，但他也拒绝了许多来请他教国文的学校。他是想等周围环境清静一些之后，再看情形，如果自己仍可以用功，则还是读书和写文章。虽然存有疑虑，但笔下却仍不停，刚从广州恐怖的大屠杀下走出的他首先就对国民党发起了猛烈攻击。在10月27日发表的《扣丝杂感》中他就从出版界的变化出发，对国民党“清党”后的文艺政策进行了讽刺：“先前是刊物的封面上画一个工人，手捏铁铲或鹤嘴锹，文中有‘革命！革命！’‘打倒！打倒！’者，一帆风顺，算是好的。现在是要画一个少年军人拿旗骑在马上，里面‘严办！严办！’这才庶几免于罪戾。”不久后更在《小杂感》中发出愤辞：“恐怕有一天总要不准穿破布衫，否则便是共产党”，“凡为当局所‘诛’者皆有‘罪’”。这已经是明明白白地在说国民党实行的是恐怖的法西斯统治了。在整个30年代，国民党为巩固其一党专政都持续推进着这种恐怖统治，在思想文艺界奉行严厉的高压政策，检查书信、封禁书店和出版物都是寻常事，甚至常常采取直接的逮捕和暗杀，鲁迅身边就常常有青年无端消失。1934年蒋介石还发动了一场名为新生活运动的国民教育运动，虽然标榜为“新”，实质却是企图在中国土地上全面复兴腐朽的儒家伦理，倡导“礼义廉耻”。鲁迅对此悲愤异常，也展开了毫不犹豫的迎头痛击。1931年1月，左翼青年作家柔石、殷夫等人被捕，并于2月7日被秘密杀害于上海龙华警备司令部。鲁迅随即写下《黑暗中国的文艺界现状》交给在华的美国左翼记者史沫特莱，要在国际上发出中国人黑暗中的声音：“现在来抵制左翼文艺的，只有污蔑、压迫、囚禁和杀戮；来和左翼作家对立的，也只有流氓、侦探、走狗、刽子手了。”

除了继续用文字作为匕首和投枪，鲁迅还先后参加了诸多反对国民党白色恐怖的社会运动。1930年2月15日，鲁迅出席秘密举行的、由中国共产党领导的中国自由运动大同盟成立大会，并作为主要发起人之一在《中国自由运动大同盟宣言》上签字。同盟宗旨在于争取言论、出版、集会、结社的自由，成立后由文化界名人到四处演说推动斗争。但它很快遭到国民党当局的残酷镇压，不仅颁令上海各大学禁止自由大同盟公开派人演讲，还强令解散分会、秘密逮捕委员。接着报上就有消息传来，说国民党浙江省党部“呈请通缉堕落文人鲁迅等五十一人”。这通缉令终其一生都未取消，这也就意味着他随时都可能被逮捕。1936年7月，当他生命即将走到终点的时候，曾经的学生李秉中以“国民政府军事委员会用笺”来信表示愿为解除国民党当局对自己老师的通缉而尽力斡旋，却遭到他的拒绝。也许从广州大屠杀的那一刻起，他就决心要用自己的一身傲骨去硬碰这野蛮专横的统治了。鲁迅不仅运用自己富有影响力的文字，还直接投身到反对黑暗统治的社会运动中，当局自然视为大敌。在整个上海的近十年时间中，鲁迅曾经多次举家逃难，或避居日本友人内山完造开的书店中，或直接逃入租界。然而，“亦余心之所善兮，虽九死其犹未悔”。1933年1月17日，鲁迅赴中央研究院出席中国民权保障同盟上海分会成立大会，并与宋庆龄、蔡元培、杨铨等八人共同担任执行委员。同盟依然意在争取各项公民自由权利，成立后积极开展援救政治犯、揭露国民党黑暗统治等运动；抗议宣言则由史沫特莱、伊罗生等外国进步记者用电报发往国外，对国际舆论造成了很大影响。6月18日，同盟总干事杨铨被国民党特务暗杀于上海法租界，当时盛传暗杀的黑名单中也有鲁迅。难道又要开始流亡了么？斗争、避难，斗争，避难……他终于因愤怒而厌倦这种无望的循环了。两天后，他毅然前往万国殡仪馆送杨铨入殓，行前还把随身携带的钥匙交给家里人——他是带着赴死的心而行的。送殓回来，天降大雨，他随即写下一首《悼杨铨》：“岂有豪情似旧时，花开花落两由之。何期泪洒江南雨，又为斯民哭健儿。”在其后的一段日子里，当亲友都为他的安危担心、劝他暂时避居他处时，他拒绝了，依然如常走在大路上。这应当被理解为绝望而非无惧，因为他虽然将死亡系在了脖子上行走，却要将家人保护起来。

在任何时代，一个作家直接对政府当局破口大骂都是罕见的，事实上还不止于此，在30年代，鲁迅还继续与新月派开战。国民党“清党”之后，新文化知识分子群体继续瓦解，走向愈来愈鲜明的分化。胡适、徐志摩、梁实秋等人先后南下来到上海，并于1928年3月创办《新月》月刊，在艺术上鼓吹“纯文学”，大肆攻击无产阶级文学运动和马克思主义阶级斗争学说；政治上则标榜“自由”“民主”，后来干脆发展出“好人政府”观，宣称要做政府的“诤友”，实质是要与国民党当局合作，建立一个开明专制的政府。1929年12月4日，鲁迅前往暨南大学做“离骚与反离骚”的演讲，从中国古代诗人的发牢骚谈起，分析了发牢骚的几种方式，并指出目前社会中胡适和小报上的发牢骚以及新月派反发牢骚的本质：“这两派——牢骚与反牢骚都不是社会的叛徒。发牢骚也绝不至于扰乱社会，不过发牢骚的也都为一己利禄而已，整个的社会问题仍是不会涉及的！”事实上也确实如此，一小群无勇的知识分子冲着强横的政府发发牢骚，但政府对他们不理不睬又怎样呢？还是继续发牢骚而已，终究还是驯顺的臣民。而在1930年5月发表于《萌芽月刊》的《“丧家的”“资本家的乏走狗”》一文中，他更妙趣地将梁实秋等反对阶级论的“有智识的教授”斥为“资本家的乏走狗”：凡是走狗，虽然或许是被一个资本家所豢养的，其实却属于所有的资本家的，所以它遇见所有的阔人都驯良，遇见所有的穷人都狂吠；而这明明白白地宣称自己反对阶级论的名教授却在自己的文章中影射左翼作家做文章是为了向共产党领卢布，这实在是黔驴技穷的手段了。

在鲁迅看来，20年代北京城里的现代评论派不过是北洋政府在思想文化界的打手，而1927年之后蒋介石上位，他们又转而为新主子卖命了。耳闻目睹了那么多鲜血淋漓，他早年一直信奉的进化论已经被摧毁，杨铨被暗杀的当晚他就在致曹聚仁的信中说：“近来的事，其实也未尝比明末更坏，不过交通既广，智识大增，所以手段也比较的绵密而且恶辣。”绵延了千年的吃人筵席丝毫未变，只不过吃人者更加凶残而被吃者却愈加卑怯了。黑暗现实的催逼下，他又如何还能保有拈花一笑的优裕从容呢？为此他甚至连自己的老友林语堂也不放过。从1932年起，林语堂先后在上海创办《论语》《人间世》和《宇宙风》等杂志，提倡“以自我为中心，以闲适为品格”的小品文，并先后抬出英国文学家萧伯纳和明末袁宏道等人主张幽默和性灵，试图以超脱的心境和冲淡的文字来凝练人间的纯美。这当然为鲁迅所不喜，世态如此纷乱，虽是小品，也有待于激烈的攻战。于是1933年他在为杨铨送殓的当晚就致信林语堂，拒绝了为《论语》写打油诗的邀请，并说："重重压迫，令人已不能喘息，除呻吟叫号而外，能有他乎？""天王已无一枝笔，仅有手枪，则凡执笔人，自属全是眼中钉，难乎免于今之世矣。"在刀光剑影之中幽默闲适，终究不过是为他们怯懦的避世穿上了一件新衣罢了。而在1934年《小品文的生机》中他更指出，林语堂等人倡导的"幽默"，就像戏场上黑头改唱丑角或丑角改唱黑头似的，只是滑稽而已，并非幽默。如果说这篇公开发表的文章中尚顾及老朋友的情面，他随后给杨霁云的信中则远为刻薄了："以革新或留学获得名位，但因环境所迫，不得不新，一旦得志，即不免老病复发，渐玩古董，始见老庄，则惊其奥博，见《文选》，则惊其典赡，见佛经，则服其广大，见宋人语录，又服其平易超脱，惊服之下，率尔宣扬，这其实也还是当初沽名的老手段……倘一味超然物外，是不会长久存在的……所谓名家，大抵徒有其名，实则空洞，其作品且不及无名小卒。"从其思想根源到作品的品鉴再到其未来的末路，都做出精简而犀利的判断，果然，不到一年，流行的"幽默"派就大塌其台了。

鲁迅老而弥辣，打击面也越来越宽广，简直要一个也不放过，却又让人不得不敬服他眼光的深刻。1933年沈从文先后发表《文学者的态度》和《论“海派”》等文章，斥责上海作家缺乏严肃认真的创作态度，往往流于投机取巧、见风使舵，而北平文人则大多诚朴；上海的苏汶随即撰文为“海派”辩解，一时间文坛上群起而论京派、海派。鲁迅为此写了一篇《“京派”与“海派”》载于《申报·自由谈》，对这两派文人做了近乎一锤定音的总结：“北京是明清的帝都，上海乃各国之租界，帝都多官，租界多商，所以文人之在京者近官，没海者近商，近官者在使官得名，近商者在使商获利，而自己也赖以糊口。要而言之，不过‘京派’是官的帮闲，‘海派’则是商的帮忙而已。”虽然不乏偏激，更不乏的却是洞见。然而，此番言论一出，他也确乎是将文艺界及其背后的官商界中大半人得罪了个遍。

人往往感到渺小，尤其面对着四处是铁壁的大时代时。30年代的鲁迅四处开战，但一个文人靠文字的单枪匹马如何能改造社会呢？他不是早就对自己的作家身份产生过认同危机，并坦承文学是最不中用的吗？因此他一到上海就试图寻找盟友。

大革命失败后，此前积极从事革命行动的创造社作家也先后流亡到上海。政治革命虽然暂时遭遇了挫折，但他们仍打算先从文艺战线上重整旗鼓，为迎接将来的革命高潮准备条件，因此他们计划联合起来办一个刊物，提倡新的革命文学。刚刚从广州来到上海的鲁迅自然进入了他们的视野，如若能争取到这位众望所归的文坛巨人的加盟，声势必将浩大不少。面对创造社的邀盟，鲁迅欣然同意了，并于1927年11月9日会晤了创造社成员郑伯奇、蒋光慈、段可情，商议组织联合战线，恢复《创造周报》事宜。12月3日，《创造周报》复刊，鲁迅作为特约撰述员签署了复刊广告。应该说，鲁迅与创造社的合作有其深刻的思想根源。在许广平的帮助下，更为了从自己的虚无情绪中走出来，他在三一八惨案后就已意识到改革最快的还是刀与火，他奔赴广州也是受到当时大革命气氛的鼓舞。在这种情况下，他开始认真调整自己对文艺和政治革命、知识分子和劳工大众的一系列看法。1927年10月25日他应易培基的邀请赴上海劳动大学做“关于知识阶级”的演讲，就批判了一些知识分子的徘徊动摇，号召劳动大学的贫苦学生要做敢于反抗黑暗现实的革命知识分子，不要再爬进象牙塔和知识阶级中去，要用生命作为投资，为社会做一点事。11月16日鲁迅又在光华大学的演讲中陈述了自己对文学与社会关系的看法，认为文学应该反映社会现实，各种文学都是政治先行、文艺后变的，对所谓“为艺术的艺术”及止于叫苦和鸣不平的文学都斥为逃避现实的消极文学。因此种种，他对倡导革命文学的创造社诸人颇有好感也就是自然而然的事。

然而，就在双方达成联合，试图一起为革命文学事业张旗呐喊的时候，刚从日本回国的李初梨、冯乃超、彭康、朱镜我等极左派分子却认为这不足以代表一个新的阶段，他们赢得了郭沫若等人的同意，于是另外创办《文化批判》，并组织了太阳社，提出反帝反封建的文学已经过时，作家应转换方向建设无产阶级革命文学。一场倾向左翼的作家群体内部关于革命文学的混战旋即展开。

1928年2月1日，成仿吾放了创造社、太阳社对鲁迅进行批判的第一把火，他在《创造月刊》发表的《从文学革命到革命文学》中对鲁迅及“五四”以来的白话文学予以否定，提出要进行全面的批判。同一天，蒋光慈在《关于革命文学》一文中批评鲁迅虽然也攻击社会的不良，虽然有时也发几声反抗呐喊，但是始终在彷徨、彷徨，寻不出什么出路。而此时，更猛烈的攻击尚在网罗之中。一个月后，《太阳月刊》三月号出版，其中有一篇钱杏邨所作的耸人文章《死去了的阿Q时代》，认为鲁迅的著作没有抓住时代，是“无意义的类似消遣的依附于资产阶级的滥废的文学”，不但“阿Q早已死去”，而且“《阿Q正传》的技巧也已死去”。该刊在编后记对这篇文章赞赏有加，认为这是一篇“估定所谓现代大作家鲁迅的真价的文字。很多人总以为鲁迅是时代的表现者，其实他根本没有认清十年来中国新生命的原素，尽在自己狭窄的周遭中彷徨呐喊……这篇论文实足澄清一般的混乱的鲁迅论，是新时代青年第一次给鲁迅的回音。”很快郭沫若、李初梨、冯乃超、彭康、洪灵菲等人就都纷纷跳了出来，大肆攻击鲁迅是“讲趣味的有闲阶级”、资产阶级的“人道主义者”、布尔乔亚的“代言人”等等，甚至骂他是“绍兴师爷”“封建余孽”“二重性的反革命的人物”，要鲁迅“接受批评，幡然悔悟”，否则“只有死亡”。

当小人物要为自己争名分的时候，攻击大人物是一个常见的策略，而且为了吸引眼球，他们往往用贴标签、谩骂等激烈方式来制造二元对立，甚至泼脏水、污蔑、造谣和人身攻击等近乎流氓的行径也在所不惜。对于这种小伎俩，鲁迅是经受过太多了，自然不以为意，只是偶尔发声打发一下。不过创造社、太阳社的攻击也确实促使他进一步去了解什么是真正的马克思主义。从1928年起，鲁迅开始认真研读马克思列宁主义理论，甚至连教许广平学日文都是以日本神永文三著《马克思读本》为教材。到年底检点一年里所购书籍中，光马列主义经典著作和相关论文就达到六十余册。而在8月20日发表于《语丝》上的《文学的阶级性》一文中，他表示自己既不相信有新月派等智识阶层鼓吹的超乎阶级、文章如日月的永久的大文豪，也不相信住洋房、喝咖啡，却口口声声“唯我把握住了无产阶级意识，所以我是真的无产者”的革命文学者，并在文末将重心放在了建设：“我只希望有切实的人，肯译几部世界上已有定评的关于唯物史观的书——至少，是一部简单浅显，两部精密的——还要一两本反对的著作。那么，论争起来，可以省说许多话。”事实上，他也确实是将更多的精力用在了革命文学的建设事业上。1928年6月20日，他与郁达夫合编的《奔流》月刊创刊，意在“介绍一些真正的革命文艺的理论和作品，把那些犯幼稚病的左倾青年稍稍纠正一点”。他多次表明，在热闹而荒凉的中国文坛，把国外的优秀文艺作品介绍进来功用或许远远大于创作。《奔流》尤其注重介绍有关苏联文艺理论的译作，鲁迅就在第一卷第一至五期上连续刊载了自己翻译的《苏俄的文艺政策》；此后愈加深入，先后翻译了苏联作家左琴科、雅各武莱夫、伦支等人的小说，理论上则有卢那卡尔斯基、叶夫雷诺夫、布哈林等大量译作面世。因为用功太勤，到了第二年4月就有所译的文艺理论论文集《壁下译丛》出版。

不过虽然鲁迅忙于介绍和宣传马克思主义文艺理论，这时候的他也是太过孤寂了。在很长一段时间内，他既要反对当权的国民党新贵，反对复古派，反对胡适和新月派，还要不时回过头来，招架被他视为犯了幼稚病的己方营垒中横刺来的刀斧和飞来的暗箭。至于《奔流》，郁达夫是典型的疏狂文人，于琐事往往无意且不耐，因此每月一期的刊物从编辑、校对、写编校后记、插图都压到了他的肩上，甚至有时还要亲自跑出版社、联系投稿者、代索稿费，更何况他还要自己翻译呢。后来他又与柔石等人创办了主要介绍版画、木刻的《朝花》，也跟《奔流》一样，除了买纸，大部分的稿子和杂务都归他做。四面来袭的魑魅魍魉和繁重的工作，迅速压垮了他的身体。到上海后，当年被赶出八道湾后所患的肺病复发，单1928年就闹过四次，一直医治了三个月还没能停药。或许整个上海时期唯一让他高兴的就是儿子海婴的降临，那是在1929年9月27日。第二天，他走到医院的房间里，手中捧着一盘小巧玲珑的翠绿松树，透露出他的异常高兴。这于他实在是太过出奇的事，此前他送给许广平和朋友的许多东西都是书。而孩子的名字也是他给取的，“上海生的，是个婴儿，就叫他海婴。”——不管世事多么芜杂而离奇，至少他渐入老境的生命里突然闯入了一个全新的小生命。

1929年底，鲁迅和太阳社、创造社的论战出现了转机，中共中央了解到相关情况后指出对鲁迅的批评是错误的，应停止论争，并要求左翼文化工作者组织起来、统一行动。1930年2月26日，在中国共产党领导下的中国左翼作家联盟在上海成立，并确定了“求新兴阶级的解放”“反对一切对我们运动的压迫”的纲领，鲁迅当选为第一常务委员。“左联”成立后，积极展开文艺大众化、通俗化的讨论，倡导革命文学。然而这终究只是表面的和平，曾经剑拔弩张的仇敌哪能如此容易就相逢一笑泯恩仇呢？在鲁迅看来，大多数混迹于“左联”、自称革命文学家的人不过是空头文学家，既无心也无力为革命文学事业做出实绩，只不过借着集体的声势博取自己的功名罢了。“左联”成立一个月后他在给章廷谦的信中就表达了自己的鄙薄：“加入左翼作家联盟，于会场中，一览了荟萃于上海的革命作家，然而以我看来，皆茄花色，于是不佞势又不得不有作梯子之险，但还怕他们尚未必能爬梯子也。”果然，此后双方依然间隙不断。1932年，鲁迅发表《辱骂和恐吓决不是战斗》指出战斗的作者应该注重于论争，而谩骂和恐吓根本是不必要且无聊的攻击。

但接着就有祝贺侠写了一篇回应文章，并得到“左联”中多人的联名，指责鲁迅“带上了极浓厚的右倾机会主义色彩”。又是当年贴标签、扣大帽子的老伎俩，鲁迅提出质问，结果却还是模模糊糊、不得要领。为此他常常觉得自己缚了一条铁索，有一个工头在背后用鞭子抽打自己，无论自己怎样起劲地做事，也还是打，当回头去问自己的错处时，对方却又拱拱手客气地说自己做得好极了、他和自己感情好极了、“今天天气哈哈哈”之类的话，真是令人手足无措。1934年12月18日，他在给杨霁云的信中如此诉说自己的苦境：

叭儿之类，是不足惧的，最可怕的确是口是心非的所谓“战友”，因为防不胜防。例如绍伯之流，我至今还不明白他是什么意思。为了防后方，我就得横站，不能正对敌人，而且瞻前顾后，格外费力。

腹背受敌地横站，这实在是他30年代处境的写照。

双方的矛盾终于在1936年的两个口号之争中全面爆发。当时日本正加紧侵华活动，中国陷入空前的民族危机之中，因此主持“左联”的周扬等人提出“国防文学”的口号，并意图解散旨在强调阶级斗争的“左联”，筹备成立文艺家协会，在“国防文学”的口号下开展一个文学运动。这种摒弃阶级性的做法自然引起鲁迅的极大不满，1936年6月10日，经与冯雪峰商议，鲁迅发表了《论现在我们的文学运动》，正式提出“民族革命战争的大众文学”的口号，其中“大众”二字尤为重要，强调了即使在面对日本帝国主义的时候，革命文学也决不能放弃阶级领导的责任，“而是将它的责任更加重，更放大，重到和大到要使全民族，不分阶级和党派，一致去对外。这个民族的立场，才真是阶级的立场。”他依然肩负着那道无比沉重的黑暗的闸门，所以才会在人们都将目光投向入侵的外敌的时候，提醒他们不要忘了继续与国内数千年毫无进步、反而愈来愈深重的黑暗做斗争。说到底，鲁迅是一个深刻的思想家和桀骜的文学家，绝非政宣人员，他宁愿与世间一切的丑陋敌对，丝毫也不愿放松。然而，他收获的也只有继续的不理解和污蔑。当年攻击过鲁迅的人们撕破脸皮，再次群起而攻之，污蔑他“反对统一战线”的流言四起，甚至将其直呼为托洛茨基分子。8月2日，他收到早年师法自己杂文而成名的徐懋庸的来信，信中指责他“近半年来的言行，是无意地助长着恶劣的倾向的”、“不看事而看人”、大搞宗派主义等等。群仙布阵、大肆围剿——他重新陷入了彻底的孤立。

就在两个口号之争愈演愈烈的时候，鲁迅已经被确诊为肺结核晚期。1936年5月15日，鲁迅开始病重，当天即卧病不起，此后更是每天低烧，虽然一直请须藤五百三医生诊治，但始终没有查出发热的原因，29日甚至使用了一针强心剂。严重的病情使朋友们极为担心，史沫特莱、茅盾、冯雪峰和许广平经过认真商议后，决定不经过他的同意，请当时上海最好的两个肺病医生之一托马斯·邓恩来诊察。经过诊断，终于确定为肺结核晚期，医生说鲁迅是最能抵抗疾病的典型的中国人，如果是欧洲人，则早在五年前就死掉了。8月13日，情况惊人地恶化，他因肺支气管破裂而吐血，体重下降到38.7公斤。

人们常说死亡凝聚着人类最极致的恐惧，但某种意义上来说它并不存在：人们所竭力能够抓住的永远只有死亡陡然降下前的一瞬间。晋人刘伶嗜酒，常常喝得酒气熏天，叫人背着锸跟在身后，说："死便埋我。"世人常常误解为放达，但鲁迅早在1925年为《坟》写的后记中就从中读出了对生命的巨大眷恋。1936年9月5日，鲁迅写成《死》，直到这时候，他才确信，自己是到底相信人死无鬼的。白茫茫一片大地真干净，在那最后一瞬到来前他还是决定留下遗嘱：

一，不得因为丧事，收受任何人的一文钱。——但老朋友的，不在此例。

二，赶快收殓，埋掉，拉倒。

三，不要做任何关于纪念的事情。

四，忘记我，管自己生活。——倘不，那就真是胡涂虫。

五，孩子长大，倘无才能，可寻点小事情过活，万不可去做空头文学家或美术家。

六，别人应许给你的事物，不可当真。

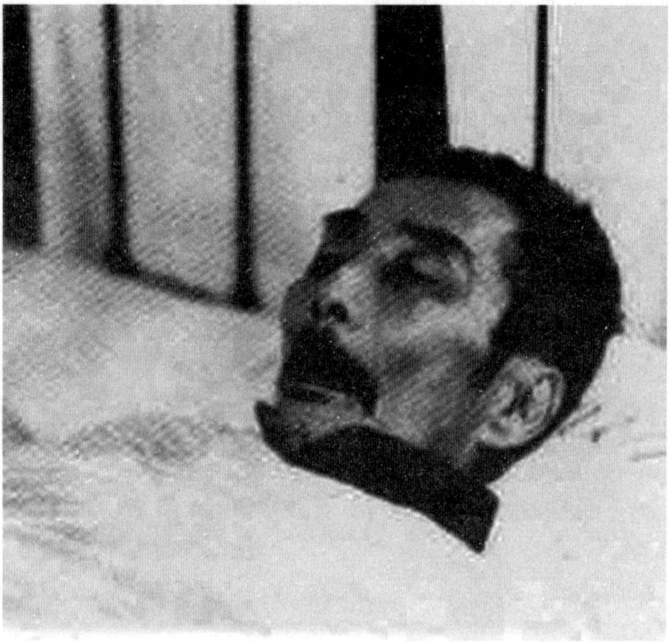

鲁迅遗照

七，损着别人的牙眼，却反对报复，主张宽容的人，万勿和他接近。

此外自然还有，现在忘记了。只还记得在发热时，又曾想到欧洲人临死时，往往有一种仪式，是请别人宽恕，自己也宽恕了别人。我的怨敌可谓多矣，倘有新式的人问起我来，怎么回答呢？我想了一想，决定的是：让他们怨恨去，我也一个都不宽恕。

1936年10月19日凌晨5点25分，他完成了自己生命的全部旅程，享年五十五岁。

延伸阅读

狗·猫·鼠

从去年起，仿佛听得有人说我是仇猫的。那根据自然是在我的那一篇《兔和猫》；这是自画招供，当然无话可说，——但倒也毫不介意。一到今年，我可很有点担心了。我是常不免于弄弄笔墨的，写了下来，印了出去，对于有些人似乎总是搔着痒处的时候少，碰着痛处的时候多。万一不谨，甚而至于得罪了名人或名教授，或者更甚而至于得罪了“负有指导青年责任的前辈”之流，可就危险已极。为什么呢？因为这些大脚色是“不好惹”的。怎地“不好惹”呢？就是怕要浑身发热之后，做一封信登在报纸上，广告道：“看哪！狗不是仇猫的么？鲁迅先生却自己承认是仇猫的，而他还说要打‘落水狗’！”这“逻辑”的奥义，即在用我的话，来证明我倒是狗，于是而凡有言说，全都根本推翻，即使我说二二得四，三三见九，也没有一字不错。这些既然都错，则绅士口头的二二得七，三三见千等等，自然就不错了。

我于是就间或留心着查考它们成仇的“动机”。这也并非敢妄学现下的学者以动机来褒贬作品的那些时髦，不过想给自己预先洗刷洗刷。据我想，这在动物心理学家，是用不着费什么力气的，可惜我没有这学问。后来，在覃哈特博士（Dr.O.Dähnhardt）的《自然史底国民童话》里，总算发见了那原因了。据说，是这么一回事：动物们因为要商议要事，开了一个会议，鸟、鱼、兽都齐集了，单是缺了象。大家议定，派伙计去迎接它，拈到了当这差使的阄的就是狗。“我怎么找到那象呢？我没有见过它，也和它不认识。”它问。“那容易，”大众说，“它是驼背的。”狗去了，遇见一匹猫，立刻弓起脊梁来，它便招待，同行，将弓着脊梁的猫介绍给大家道：“象在这里！”但是大家都嗤笑它了。从此以后，狗和猫便成了仇家。

日尔曼人走出森林虽然还不很久，学术文艺却已经很可观，便是书籍的装潢，玩具的工致，也无不令人心爱。独有这一篇童话却实在不漂亮；结怨也结得没有意思。猫的弓起脊梁，并不是希图冒充，故意摆架子的，其咎却在狗的自己没眼力。然而原因也总可以算作一个原因。我的仇猫，是和这大大两样的。

其实人禽之辨，本不必这样严。在动物界，虽然并不如古人所幻想的那样舒适自由，可是噜苏做作的事总比人间少。它们适性任情，对就对，错就错，不说一句分辩话。虫蛆也许是不干净的，但它们并没有自鸣清高；鸷禽猛兽以较弱的动物为饵，不妨说是凶残的罢，但它们从来就没有竖过“公理”“正义”的旗子，使牺牲者直到被吃的时候为止，还是一味佩服赞叹它们。人呢，能直立了，自然是一大进步；能说话了，自然又是一大进步；能写字作文了，自然又是一大进步。然而也就堕落，因为那时也开始了说空话。说空话尚无不可，甚至于连自己也不知道说着违心之论，则对于只能嗥叫的动物，实在免不得“颜厚有忸怩”。假使真有一位一视同仁的造物主，高高在上，那么，对于人类的这些小聪明，也许倒以为多事，正如我们在万生园里，看见猴子翻筋斗，母象请安，虽然往往破颜一笑，但同时也觉得不舒服，甚至于感到悲哀，以为这些多余的聪明，倒不如没有的好罢。然而，既经为人，便也只好“党同伐异”，学着人们的说话，随俗来谈一谈，——辩一辩了。

现在说起我仇猫的原因来，自己觉得是理由充足，而且光明正大的。一，它的性情就和别的猛兽不同，凡捕食雀鼠，总不肯一口咬死，定要尽情玩弄，放走，又捉住，捉住，又放走，直待自己玩厌了，这才吃下去，颇与人们幸灾乐祸，慢慢地折磨弱者的坏脾气相同。二，它不是和狮子同族的么？可是有这么一副媚态！但这也许是限于天分之故罢，假使它的身材比现在大十倍，那就真不知道它所取的是怎么一种态度。然而，这些口实，仿佛又是现在提起笔来的时候添出来的，虽然也像是当时涌上心来的理由。要说得可靠一点，或者倒不如说不过因为它们配合时候的嗥叫，手续竟有这么繁重，闹得别人心烦，尤其是夜间要看书，睡觉的时候。当这些时候，我便要用长竹竿去攻击它们。狗们在大道上配合时，常有闲汉拿了木棍痛打；我曾见大勃吕该尔（P.Bruegel d.Ä）的一张铜版画Allegorie der Wollust上，也画着这回事，可见这样的举动，是中外古今一致的。自从那执拗的奥国学者弗罗特（S.Freud）提倡了精神分析说——Psychoanalysis，听说章士钊先生是译作“心解”的，虽然简古，可是实在难解得很——以来，我们的名人教授也颇有隐隐约约，检来应用的了，这些事便不免又要归宿到性欲上去。打狗的事我不管，至于我的打猫，却只因为它们嚷嚷，此外并无恶意。我自信我的嫉妒心还没有这么博大，当现下“动辄获咎”之秋，这是不可不预先声明的。例如人们当配合之前，也很有些手续，新的是写情书，少则一束，多则一捆；旧的是什么“问名”“纳采”，磕头作揖，去年海昌蒋氏在北京举行婚礼，拜来拜去，就十足拜了三天，还印有一本红面子的《婚礼节文》，《序论》里大发议论道：“平心论之，既名为礼，当必繁重。专图简易，何用礼为？……然则世之有志于礼者，可以兴矣！不可退居于礼所不下之庶人矣！”然而我毫不生气，这是因为无须我到场；因此也可见我的仇猫，理由实在简简单单，只为了它们在我的耳朵边尽嚷的缘故。人们的各种礼式，局外人可以不见不闻，我就满不管，但如果当我正要看书或睡觉的时候，有人来勒令朗诵情书，奉陪作揖，那是为自卫起见，还要用长竹竿来抵御的。还有，平素不大交往的人，忽而寄给我一个红帖子，上面印着“为舍妹出阁”，“小儿完姻”，“敬请观礼”或“阖第光临”这些含有“阴险的暗示”的句子，使我不化钱便总觉得有些过意不去的，我也不十分高兴。

但是，这都是近时的话。再一回忆，我的仇猫却远在能够说出这些理由之前，也许是还在十岁上下的时候了。至今还分明记得，那原因是极其简单的：只因为它吃老鼠。——吃了我饲养着的可爱的小小的隐鼠。

听说西洋是不很喜欢黑猫的，不知道可确，但Edgar Allan Poe的小说里的黑猫，却实在有点骇人。日本的猫善于成精，传说中的“猫婆”，那食人的惨酷确是更可怕。中国古时候虽然曾有“猫鬼”，近来却很少听到猫的兴妖作怪，似乎古法已经失传，老实起来了。只是我在童年，总觉得它有点妖气，没有什么好感。那是一个我的幼时的夏夜，我躺在一株大桂树下的小板桌上乘凉，祖母摇着芭蕉扇坐在桌旁，给我猜谜，讲故事。忽然，桂树上沙沙地有趾爪的爬搔声，一对闪闪的眼睛在暗中随声而下，使我吃惊，也将祖母讲着的话打断，另讲猫的故事了——

“你知道么？猫是老虎的先生。”她说，“小孩子怎么会知道呢，猫是老虎的师父。老虎本来是什么也不会的，就投到猫的门下来。猫就教给它扑的方法，捉的方法，吃的方法，像自己的捉老鼠一样。这些教完了；老虎想，本领都学到了，谁也比不过它了，只有老师的猫还比自己强，要是杀掉猫，自己便是最强的脚色了。它打定主意，就上前去扑猫。猫是早知道它的来意的，一跳，便上了树，老虎却只能眼睁睁地在树下蹲着。它还没有将一切本领传授完，还没有教给它上树。”

这是侥幸的，我想，幸而老虎很性急，否则从桂树上就会爬下一匹老虎来。然而究竟很怕人，我要进屋子里睡觉去了。夜色更加黯然；桂叶瑟瑟地作响，微风也吹动了，想来草席定已微凉，躺着也不至于烦得翻来复去了。

几百年的老屋中的豆油灯的微光下，是老鼠跳梁的世界，飘忽地走着，吱吱地叫着，那态度往往比“名人名教授”还轩昂。猫是饲养着的，然而吃饭不管事。祖母她们虽然常恨鼠子们啮破了箱柜，偷吃了东西，我却以为这也算不得什么大罪，也和我不相干，况且这类坏事大概是大个子的老鼠做的，决不能诬陷到我所爱的小鼠身上去。这类小鼠大抵在地上走动，只有拇指那么大，也不很畏惧人，我们那里叫它“隐鼠”，与专住在屋上的伟大者是两种。我的床前就帖着两张花纸，一是“八戒招赘”，满纸长嘴大耳，我以为不甚雅观；别的一张“老鼠成亲”却可爱，自新郎新妇以至傧相，宾客，执事，没有一个不是尖腮细腿，像煞读书人的，但穿的都是红衫绿裤。我想，能举办这样大仪式的，一定只有我所喜欢的那些隐鼠。

现在是粗俗了，在路上遇见人类的迎娶仪式，也不过当作性交的广告看，不甚留心；但那时的想看“老鼠成亲”的仪式，却极其神往，即使像海昌蒋氏似的连拜三夜，怕也未必会看得心烦。正月十四的夜，是我不肯轻易便睡，等候它们的仪仗从床下出来的夜。然而仍然只看见几个光着身子的隐鼠在地面游行，不像正在办着喜事。直到我熬不住了，怏怏睡去，一睁眼却已经天明，到了灯节了。也许鼠族的婚仪，不但不分请帖，来收罗贺礼，虽是真的“观礼”，也绝对不欢迎的罢。我想，这是它们向来的习惯，无法抗议的。

老鼠的大敌其实并不是猫。春后，你听到它“咋！咋咋咋咋！”地叫着，大家称为“老鼠数铜钱”的，便知道它的可怕的屠伯已经光降了。这声音是表现绝望的惊恐的，虽然遇见猫，还不至于这样叫。猫自然也可怕，但老鼠只要窜进一个小洞去，它也就奈何不得，逃命的机会还很多。独有那可怕的屠伯——蛇，身体是细长的，圆径和鼠子差不多，凡鼠子能到的地方，它也能到，追逐的时间也格外长，而且万难幸免，当“数钱”的时候，大概是已经没有第二步办法的了。

有一回，我就听得一间空屋里有着这种“数钱”的声音，推门进去，一条蛇伏在横梁上，看地上，躺着一匹隐鼠，口角流血，但两胁还是一起一落的。取来给躺在一个纸盒子里，大半天，竟醒过来了，渐渐地能够饮食，行走，到第二日，似乎就复了原，但是不逃走。放在地上，也时时跑到人面前来，而且缘腿而上，一直爬到膝髁。给放在饭桌上，便捡吃些菜渣，舔舔碗沿；放在我的书桌上，则从容地游行，看见砚台便舔吃了研着的墨汁。这使我非常惊喜了。我听父亲说过的，中国有一种墨猴，只有拇指一般大，全身的毛是漆黑而且发亮的。它睡在笔筒里，一听到磨墨，便跳出来，等着，等到人写完字，套上笔，就舐尽了砚上的余墨，仍旧跳进笔筒里去了。我就极愿意有这样的一个墨猴，可是得不到；问那里有，那里买的呢，谁也不知道。“慰情聊胜无”，这隐鼠总可以算是我的墨猴了罢，虽然它舔吃墨汁，并不一定肯等到我写完字。

现在已经记不分明，这样地大约有一两月；有一天，我忽然感到寂寞了，真所谓“若有所失”。我的隐鼠，是常在眼前游行的，或桌上，或地上。而这一日却大半天没有见，大家吃午饭了，也不见它走出来，平时，是一定出现的。我再等着，再等它一半天，然而仍然没有见。

长妈妈，一个一向带领着我的女工，也许是以为我等得太苦了罢，轻轻地来告诉我一句话。这即刻使我愤怒而且悲哀，决心和猫们为敌。她说：隐鼠是昨天晚上被猫吃去了！

当我失掉了所爱的，心中有着空虚时，我要充填以报仇的恶念！

我的报仇，就从家里饲养着的一匹花猫起手，逐渐推广，至于凡所遇见的诸猫。最先不过是追赶，袭击；后来却愈加巧妙了，能飞石击中它们的头，或诱入空屋里面，打得它垂头丧气。这作战继续得颇长久，此后似乎猫都不来近我了。但对于它们纵使怎样战胜，大约也算不得一个英雄；况且中国毕生和猫打仗的人也未必多，所以一切韬略、战绩，还是全都省略了罢。

但许多天之后，也许是已经经过了大半年，我竟偶然得到一个意外的消息：那隐鼠其实并非被猫所害，倒是它缘着长妈妈的腿要爬上去，被她一脚踏死了。

这确是先前所没有料想到的。现在我已经记不清当时是怎样一个感想，但和猫的感情却终于没有融和；到了北京，还因为它伤害了兔的儿女们，便旧隙夹新嫌，使出更辣的辣手。“仇猫”的话柄，也从此传扬开来。然而在现在，这些早已是过去的事了，我已经改变态度，对猫颇为客气，倘其万不得已，则赶走而已，决不打伤它们，更何况杀害。这是我近几年的进步。经验既多，一旦大悟，知道猫的偷鱼肉，拖小鸡，深夜大叫，人们自然十之九是憎恶的，而这憎恶是在猫身上。假如我出而为人们驱除这憎恶，打伤或杀害了它，它便立刻变为可怜，那憎恶倒移在我身上了。所以，目下的办法，是凡遇猫们捣乱，至于有人讨厌时，我便站出去，在门口大声叱曰：“嘘！滚！”小小平静，即回书房，这样，就长保着御侮保家的资格。其实这方法，中国的官兵就常在实做的，他们总不肯扫清土匪或扑灭敌人，因为这么一来，就要不被重视，甚至于因失其用处而被裁汰。我想，如果能将这方法推广应用，我大概也总可望成为所谓“指导青年”的“前辈”的罢，但现下也还未决心实践，正在研究而且推敲。

鲁迅　一九二六年二月二十一日。

故乡

我冒了严寒，回到相隔二千余里，别了二十余年的故乡去。

时候既然是深冬；渐近故乡时，天气又阴晦了，冷风吹进船舱中，呜呜的响，从篷隙向外一望，苍黄的天底下，远近横着几个萧索的荒村，没有一些活气。我的心禁不住悲凉起来了。

阿！这不是我二十年来时时记得的故乡？

我所记得的故乡全不如此。我的故乡好得多了。但要我记起他的美丽，说出他的佳处来，却又没有影像，没有言辞了。仿佛也就如此。于是我自己解释说：故乡本也如此，——虽然没有进步，也未必有如我所感的悲凉，这只是我自己心情的改变罢了，因为我这次回乡，本没有什么好心绪。

我这次是专为了别他而来的。我们多年聚族而居的老屋，已经公同卖给别姓了，交屋的期限，只在本年，所以必须赶在正月初一以前，永别了熟识的老屋，而且远离了熟识的故乡，搬家到我在谋食的异地去。

第二日清早晨我到了我家的门口了。瓦楞上许多枯草的断茎当风抖着，正在说明这老屋难免易主的原因。几房的本家大约已经搬走了，所以很寂静。我到了自家的房外，我的母亲早已迎着出来了，接着便飞出了八岁的侄儿宏儿。

我的母亲很高兴，但也藏着许多凄凉的神情，教我坐下，歇息，喝茶，且不谈搬家的事。宏儿没有见过我，远远的对面站着只是看。

但我们终于谈到搬家的事。我说外间的寓所已经租定了，又买了几件家具，此外须将家里所有的木器卖去，再去增添。母亲也说好，而且行李也略已齐集，木器不便搬运的，也小半卖去了，只是收不起钱来。

“你休息一两天，去拜望亲戚本家一回，我们便可以走了。”母亲说。

“是的。”

“还有闰土，他每到我家来时，总问起你，很想见你一回面。我已经将你到家的大约日期通知他，他也许就要来了。”

这时候，我的脑里忽然闪出一幅神异的图画来：深蓝的天空中挂着一轮金黄的圆月，下面是海边的沙地，都种着一望无际的碧绿的西瓜，其间有一个十一二岁的少年，项带银圈，手捏一柄钢叉，向一匹猹尽力的刺去，那猹却将身一扭，反从他的胯下逃走了。

这少年便是闰土。我认识他时，也不过十多岁，离现在将有三十年了；那时我的父亲还在世，家景也好，我正是一个少爷。那一年，我家是一件大祭祀的值年。这祭祀说是三十多年才能轮到一回，所以很郑重；正月里供祖像，供品很多，祭器很讲究，拜的人也很多，祭器也很要防偷去。我家只有一个忙月（我们这里给人做工的分三种：整年给一定人家做工的叫长年；按日给人做工的叫短工；自己也种地，只在过年过节以及收租时候来给一定的人家做工的称忙月），忙不过来，他便对父亲说，可以叫他的儿子闰土来管祭器的。

我的父亲允许了；我也很高兴，因为我早听到闰土这名字，而且知道他和我仿佛年纪，闰月生的，五行缺土，所以他的父亲叫他闰土。他是能装弶捉小鸟雀的。

我于是日日盼望新年，新年到，闰土也就到了。好容易到了年末，有一日，母亲告诉我，闰土来了，我便飞跑的去看。他正在厨房里，紫色的圆脸，头戴一顶小毡帽，颈上套一个明晃晃的银项圈，这可见他的父亲十分爱他，怕他死去，所以在神佛面前许下愿心，用圈子将他套住了。他见人很怕羞，只是不怕我，没有旁人的时候，便和我说话，于是不到半日，我们便熟识了。

我们那时候不知道谈些什么，只记得闰土很高兴，说是上城之后，见了许多没有见过的东西。

第二日，我便要他捕鸟。

他说："这不能。须大雪下了才好。我们沙地上，下了雪，我扫出一块空地来，用短棒支起一个大竹匾，撒下秕谷，看鸟雀来吃时，我远远地将缚在棒上的绳子只一拉，那鸟雀就罩在竹匾下了。什么都有：稻鸡，角鸡，鹁鸪，蓝背……"

我于是又很盼望下雪。

闰土又对我说：

“现在太冷，你夏天到我们这里来。我们日里到海边捡贝壳去，红的绿的都有，鬼见怕也有，观音手也有。晚上我和爹管西瓜去，你也去。”

“管贼么？”

“不是。走路的人口渴了摘一个瓜吃，我们这里是不算偷的。要管的是獾猪，刺猬，猹。月亮底下，你听，啦啦的响了，猹在咬瓜了。你便捏了胡叉，轻轻地走去……”

我那时并不知道所谓猹的是怎么一件东西——便是现在也没有知道——只是无端的觉得状如小狗而很凶猛。

“他不咬人么？”

“有胡叉呢。走到了，看见猹了，你便刺。这畜生很伶俐，倒向你奔来，反从胯下窜了。他的皮毛是油一般的滑……”

我素不知道天下有这许多新鲜事：海边有如许五色的贝壳；西瓜有这样危险的经历，我先前单知道他在水果店里出卖罢了。

“我们沙地里，潮汛要来的时候，就有许多跳鱼儿只是跳，都有青蛙似的两个脚……”

阿！闰土的心里有无穷无尽的希奇的事，都是我往常的朋友所不知道的。他们不知道一些事，闰土在海边时，他们都和我一样，只看见院子里高墙上的四角的天空。

可惜正月过去了，闰土须回家里去，我急得大哭。他也躲到厨房里，哭着不肯出门，但终于被他父亲带走了。他后来还托他的父亲带给我一包贝壳和几支很好看的鸟毛，我也曾送他一两次东西，但从此没有再见面。

现在我的母亲提起了他，我这儿时的记忆，忽而全都闪电似的苏生过来，仿佛看到了我的美丽的故乡了。

我应声说：

“这好极！他，——怎样？……”

“他？……他景况也很不如意……”母亲说着，便向房外看，“这些人又来了。说是买木器，顺手也就随便拿走的，我得去看看。”

母亲站起身，出去了。门外有几个女人的声音。我便招宏儿走近面前，和他闲话：问他可会写字，可愿意出门。

“我们坐火车去么？”

“我们坐火车去。”

“船呢？”

“先坐船。……”

“哈！这模样了！胡子这么长了！”一种尖利的怪声突然大叫起来。

我吃了一吓，赶忙抬起头，却见一个凸颧骨，薄嘴唇，五十岁上下的女人站在我面前，两手搭在髀间，没有系裙，张着两脚，正像个画图仪器里细脚伶仃的圆规。

我愕然了。

“不认识了么？我还抱过你咧！”

我愈加愕然了。幸而我的母亲也就进来，从旁说：“他多年出门，统忘却了。你该记得罢，”便向着我说，“这是斜对门的杨二嫂，开豆腐店的。”

哦，我记得了。我孩子时候，在斜对门的豆腐店里确乎终日坐着一个杨二嫂，人都叫伊“豆腐西施”。但是擦着白粉，颧骨没有这么高，嘴唇也没有这么薄，而且终日坐着，我也从没有见过这圆规式的姿势。那时人说：因为伊，这豆腐店的买卖非常好。但这大约因为年龄的关系，我却并未蒙着一毫感化，所以竟完全忘却了。然而圆规很不平，显出鄙夷的神色，仿佛嗤笑法国人不知道拿破仑，美国人不知道华盛顿似的，冷笑说：

“忘了？这真是贵人眼高……”

“那有这事……我……”我惶恐着，站起来说。

“那么，我对你说：迅哥儿，你阔了，搬动又笨重，你还要什么这些破烂木器，让我拿去罢。我们小户人家，用得着。”

“我并没有阔哩。我须卖了这些，再去……”

“阿呀呀，你放了道台了，还说不阔？你现在有三房姨太太；出门便是八抬的大轿，还说不阔？吓，什么都瞒不过我。”

我知道无话可说了，便闭了口，默默的站着。

“阿呀阿呀，真是愈有钱，便愈是一毫不肯放松，愈是一毫不肯放松，便愈有钱……”圆规一面愤愤的回转身，一面絮絮的说，慢慢向外走，顺便将我母亲的一副手套塞在裤腰里，出去了。

此后又有近处的本家和亲戚来访问我。我一面应酬，偷空便收拾些行李，这样的过了三四天。

一日是天气很冷的午后，我吃过午饭，坐着喝茶，觉得外面有人进来了，便回头去看。我看时，不由的非常出惊，慌忙站起身，迎着走去。

这来的便是闰土。虽然我一见便知道是闰土，但又不是我这记忆上的闰土了。他身材增加了一倍；先前的紫色的圆脸，已经变作灰黄，而且加上了很深的皱纹；眼睛也像他父亲一样，周围都肿得通红，这我知道，在海边种地的人，终日吹着海风，大抵是这样的。他头上是一顶毡帽，身上只一件极薄的棉衣，浑身瑟索着；手里提着一个纸包和一支长烟管，那手也不是我所记得的红活圆实的手，却又粗又笨而且开裂，像是松树皮了。

我这时很兴奋，但不知道怎么说才好，只是说：

“阿！闰土哥，——你来了？……”

我接着便有许多话，想要连珠一般涌出：角鸡，跳鱼儿，贝壳，猹，……但又总觉得被什么挡着似的，单在脑里面回旋，吐不出口外去。

他站住了，脸上现出欢喜和凄凉的神情；动着嘴唇，却没有作声。他的态度终于恭敬起来了，分明的叫道：

“老爷！……”

我似乎打了一个寒噤；我就知道，我们之间已经隔了一层可悲的厚障壁了。我也说不出话。

他回过头去说，“水生，给老爷磕头。”便拖出躲在背后的孩子来，这正是一个廿年前的闰土，只是黄瘦些，颈子上没有银圈罢了。

“这是第五个孩子，没有见过世面，躲躲闪闪……”

母亲和宏儿下楼来了，他们大约也听到了声音。

“老太太。信是早收到了。我实在喜欢的了不得，知道老爷回来……”闰土说。

“阿，你怎的这样客气起来。你们先前不是哥弟称呼么？还是照旧：迅哥儿。”母亲高兴的说。

“阿呀，老太太真是……这成什么规矩。那时是孩子，不懂事……”闰土说着，又叫水生上来打拱，那孩子却害羞，紧紧的只贴在他背后。

“他就是水生？第五个？都是生人，怕生也难怪的；还是宏儿和他去走走。”母亲说。

宏儿听得这话，便来招水生，水生却松松爽爽同他一路出去了。母亲叫闰土坐，他迟疑了一回，终于就了坐，将长烟管靠在桌旁，递过纸包来，说：

“冬天没有什么东西了。这一点干青豆倒是自家晒在那里的，请老爷……”

我问问他的景况。他只是摇头。

“非常难。第六个儿子也会帮忙了，却总是吃不够……又不太平……什么地方都要钱，没有定规……收成又坏。种出东西来，挑去卖，总要捐几回钱，折了本；不去卖，又只能烂掉……”

他只是摇头；脸上虽然刻着许多皱纹，却全然不动，仿佛石像一般。他大约只是觉得苦，却又形容不出，沉默了片时，便拿起烟管来默默的吸烟了。

母亲问他，知道他的家里事务忙，明天便得回去；又没有吃过午饭，便叫他自己到厨下炒饭吃去。

他出去了；母亲和我都叹息他的景况：多子，饥荒，苛税，兵，匪，官，绅，都苦得他像一个木偶人了。母亲对我说，凡不必搬走的东西，尽可以送他，听他自己去拣择。

下午，他拣好了几件东西：两条长桌，四个椅子，一副香炉和烛台，一杆抬秤。他又要所有的草灰（我们这里煮饭是烧稻草的，那灰，可以做沙地的肥料），待我们启程的时候，他用船来载去。

夜间，我们又谈些闲天，都是无关紧要的话；第二天早晨，他就领了水生回去了。

又过了九日，是我们启程的日期。闰土早晨便到了，水生没有同来，却只带着一个五岁的女儿管船只。我们终日很忙碌，再没有谈天的工夫。来客也不少，有送行的，有拿东西的，有送行兼拿东西的。待到傍晚我们上船的时候，这老屋里的所有破旧大小粗细东西，已经一扫而空了。

我们的船向前走，两岸的青山在黄昏中，都装成了深黛颜色，连着退向船后梢去。

宏儿和我靠着船窗，同看外面模糊的风景，他忽然问道：

“大伯！我们什么时候回来？”

“回来？你怎么还没有走就想回来了。”

“可是，水生约我到他家玩去咧……”他睁着大的黑眼睛，痴痴的想。

我和母亲也都有些惘然，于是又提起闰土来。母亲说，那豆腐西施的杨二嫂，自从我家收拾行李以来，本是每日必到的，前天伊在灰堆里，掏出十多个碗碟来，议论之后，便定说是闰土埋着的，他可以在运灰的时候，一齐搬回家里去；杨二嫂发见了这件事，自己很以为功，便拿了那狗气杀（这是我们这里养鸡的器具，木盘上面有着栅栏，内盛食料，鸡可以伸进颈子去啄，狗却不能，只能看着气死），飞也似的跑了，亏伊装着这么高底的小脚，竟跑得这样快。

老屋离我愈远了；故乡的山水也都渐渐远离了我，但我却并不感到怎样的留恋。我只觉得我四面有看不见的高墙，将我隔成孤身，使我非常气闷；那西瓜地上的银项圈的小英雄的影像，我本来十分清楚，现在却忽地模糊了，又使我非常的悲哀。

母亲和宏儿都睡着了。

我躺着，听船底潺潺的水声，知道我在走我的路。我想：我竟与闰土隔绝到这地步了，但我们的后辈还是一气，宏儿不是正在想念水生么。我希望他们不再像我，又大家隔膜起来……然而我又不愿意他们因为要一气，都如我的辛苦展转而生活，也不愿意他们都如闰土的辛苦麻木而生活，也不愿意都如别人的辛苦恣睢而生活。他们应该有新的生活，为我们所未经生活过的。

我想到希望，忽然害怕起来了。闰土要香炉和烛台的时候，我还暗地里笑他，以为他总是崇拜偶像，什么时候都不忘却。现在我所谓希望，不也是我自己手制的偶像么？只是他的愿望切近，我的愿望茫远罢了。

我在朦胧中，眼前展开一片海边碧绿的沙地来，上面深蓝的天空中挂着一轮金黄的圆月。我想：希望是本无所谓有，无所谓无的。这正如地上的路；其实地上本没有路，走的人多了，也便成了路。

鲁迅先生年谱

凡例

一、先生自民国元年五月抵京之日始，即写日记，从无间断，凡天气之变化如阴晴风雨，人事之交际如友朋过从，信札往来，书籍购入，均详载无遗，他日付印，足供参考。故年谱之编，力求简短，仅举荦荦大端而已。

二、先生著作既多，译文亦富，另有著译书目，按年排比，故本谱于此二项，仅记大略，未及详焉。

三、先生著译之外，复勤于纂辑古书，抄录古碑，书写均极精美，谱中亦不备举。

四、先生工作毕生不倦，如编辑各种刊物，以及为人校订稿件之类，必忠必信，贡献亦多，谱中亦从略不述。

五、本谱材料，有奉询于先生母太夫人者，亦有得于夫人许广平及令弟作人、建人者，合并声明。

（民国）二十六年五月　许寿裳记

民国前三十一年　清光绪七年辛巳　西历一八八一年　先生一岁

八月初三，生于浙江绍兴城内东昌坊口。姓周，名树人，字豫才，小名樟寿，至三十八岁，始用鲁迅为笔名。

前二十六年　十二年丙戌　一八八六年　六岁

是年入塾，从叔祖玉田先生初诵《鉴略》。

前二十四年　十四年戊子　一八八八年　八岁

十一月，以妹端生十月即夭，当其病笃时，先生在屋隅暗泣，母太夫人询其何故，答曰："为妹妹啦。"

是岁一日，本家长辈相聚推牌九，父伯宜亦与焉。先生在旁默视，从伯慰农先生因询之曰："汝愿何人得赢？"先生立即对曰："愿大家均赢。"其五六岁时，宗党皆呼之曰"胡羊尾巴"。誉其小而灵活也。

前二十年　十八年壬辰　一八九二年　十二岁

正月，往三味书屋从寿镜吾先生怀鉴读。在塾中，喜乘闲描画，并搜集图画，而对于《二十四孝图》之"老莱娱亲"、"郭巨埋儿"独生反感。

先生外家为安桥头鲁姓，聚族而居，幼时常随母太夫人前往，得在乡村与大自然相接触，影响甚大。《社戏》中所描写者，皆安桥头一带之景色，时正十一二岁也。外家后迁皇甫庄、小皋步等处。十二月三十日曾祖母戴太君卒，年七十九。

前十九年　十九年癸巳　一八九三年　十三岁

三月祖父介孚公丁忧，自北京归。

秋，介孚公因事下狱，父伯宜公又抱重病，家产中落，出入于质铺及药店者累年。

前十六年　二十二年丙申　一八九六年　十六岁

九月初六日父伯宜公卒，年三十七。

父卒后，家境益艰。

前十四年　二十四年戊戌　一八九八年　十八岁

闰三月，往南京考入江南水师学堂。

前十三年　二十五年己亥　一八九九年　十九岁

正月，改入江南陆师学堂附设路矿学堂，对于功课并不温习，而每逢考试辄列前茅。

课余辄读译本新书，尤好小说，时或外出骑马。

前十一年　二十七年辛丑　一九〇一年　二十一岁

十二月路矿学堂毕业。

前十年　二十八年壬寅　一九〇二年　二十二岁

二月，由江南督练公所派赴日本留学，入东京弘文学院。

课余喜读哲学与文艺之书，尤注意于人性及国民性问题。

前九年　二十九年癸卯　一九〇三年　二十三岁

是年为《浙江潮》杂志撰文。

秋，译《月界旅行》毕。

前八年　三十年甲辰　一九〇四年　二十四岁

六月初一日，祖父介孚公卒，年六十八。

八月，往仙台入医学专门学校肄业。

前六年　三十二年丙午　一九〇六年　二十六岁

六月回家，与山阴朱女士结婚。

同月，复赴日本，在东京研究文艺，中止学医。

前五年　三十三年丁未　一九〇七年　二十七岁

是年夏，拟创办文艺杂志，名曰《新生》，以费绌未印，后为《河南》杂志撰文。

前四年　三十四年戊申　一九〇八年　二十八岁

是年从章太炎先生炳麟学，为“光复会”会员，并与二弟作人译域外小说。

前三年　宣统元年己酉　一九〇九年　二十九岁

是年辑印《域外小说集》二册。

六月归国，任浙江两级师范学堂生理学化学教员。

前二年　二年庚戌　一九一〇年　三十岁

四月初五日祖母蒋太君卒，年六十九。

八月，任绍兴中学堂教员兼监学。

前一年　三年辛亥，一九一一年　三十一岁

九月绍兴光复，任绍兴师范学校校长。

冬，写成第一篇试作小说《怀旧》，阅二年始发表于《小说月报》第四卷第一号。

注：以上月份均系夏历。

民国元年　一九一二年　三十二岁

一月一日，临时政府成立于南京，应教育总长蔡元培之招，任教育部部员。

五月，航海抵北京，住宣武门外南半截胡同绍兴会馆藤花馆，任教育部社会教育司第一科科长。八月任命为教育部佥事。

是月公余纂辑《谢承后汉书》。

二年　一九一三年　三十三岁

六月，请假由津浦路回家省亲，八月由海道返京。

十月，公余校《嵇康集》。

三年　一九一四年　三十四岁

是年，公余研究佛经。

四年　一九一五年　三十五岁

一月辑成《会稽郡故书杂集》一册，用二弟作人名印行。

同月刻《百喻经》成。

是年，公余喜搜集并研究金石拓本。

五年　一九一六年　三十六岁

五月，移居会馆补树书屋。

十二月，请假由津浦路归省。

是年，仍搜集研究造像及墓志拓本。

六年　一九一七年　三十七岁

一月初，返北京。

七月初，因张勋复辟作乱，愤而离职，同月乱平即返部。

是年，仍搜集研究拓本。

七年　一九一八年　三十八岁

自四月开始创作以后，源源不绝，其第一篇小说《狂人日记》，以鲁迅为笔名，载在《新青年》第四卷第五号，掊击家族制度与礼教之弊害，实为文学革命思想之急先锋。

是年，仍搜罗研究拓本。

八年　一九一九年　三十九岁

一月发表关于爱情之意见，题曰《随感录四十》，载在《新青年》第六卷第一号，后收入杂感录《热风》。

八月，买公用库八道湾屋成，十一月修缮之事略备，与二弟作人俱移入。

十月发表关于改革家庭与解放子女之意见，题曰《我们现在怎样做父亲》，载《新青年》第六卷第六号，后收入论文集《坟》。

十二月请假经津浦路归省，奉母偕三弟建人来京。

是年，仍搜罗研究拓本。

九年　一九二〇年　四十岁

一月，译成日本武者小路实笃著戏曲《一个青年的梦》。

十月，译成俄国阿尔志跋绥夫著小说《工人绥惠略夫》。

是年秋季起，兼任北京大学及北京高等师范学校讲师。

是年，仍研究金石拓本。

十年　一九二一年　四十一岁

二三月又校《嵇康集》。

仍兼任北京大学、北京高等师范学校讲师。

十一年　一九二二年　四十二岁

二月八月又校《嵇康集》。

五月译成俄国爱罗先珂著童话剧《桃色的云》。

仍兼任北京大学、北京高等师范学校讲师。

十二年　一九二三年　四十三岁

八月，迁居砖塔胡同六十一号。

九月，小说第一集《呐喊》印成。

十二月，买阜成门内西三条胡同二十一号屋。

同月，《中国小说史略》上卷印成。

是年秋起，兼任北京大学、北京师范大学、北京女子高等师范学校及世界语专门学校讲师。

十三年　一九二四年　四十四岁

五月，移居西三条胡同新屋。

六月，《中国小说史略》下卷印成。

同月，又校《嵇康集》，并撰校正《嵇康集》序。

七月，往西安讲演，八月返京。

十月，译成日本厨川白村著论文《苦闷的象征》。

仍兼任北京大学、北京师范大学、北京女子高等师范学校及世界语专门学校讲师。

是年冬起，为《语丝》周刊撰文。

十四年　一九二五年　四十五岁

八月，因教育总长章士钊非法解散北京女子师范大学，先生与多数教职员有校务维持会之组织，被章士钊违法免职。

十一月，杂感第一集《热风》印成。

十二月译成日本厨川白村著《出了象牙之塔》。

是年，仍为《语丝》撰文，并编辑《国民新报》副刊及《莽原》杂志。

是年秋起，兼任北京大学、北京女子师范大学、中国大学讲师，黎明中学教员。

十五年　一九二六年　四十六岁

一月女子师范大学恢复，新校长易培基就职，先生始卸却职责。

同月，教育部佥事恢复，到部任事。

三月，“三一八”惨案后，避难入山本医院、德国医院、法国医院等，至五月始回寓。

七月起，逐日往中央公园，与齐宗颐同译《小约翰》。

八月底，离北京向厦门，任厦门大学文科教授。

九月，《彷徨》印成。

十二月因不满于学校，辞职。

十六年　一九二七年　四十七岁

一月，至广州，任中山大学文学系主任兼教务主任。

二月，往香港演说，题为：《无声的中国》，次日演题：《老调子已经唱完！》

三月，黄花节，往岭南大学讲演。同日移居白云楼。

四月，至黄埔政治学校讲演。

同月十五日，赴中山大学各主任紧急会议，营救被捕学生，无效，辞职。

七月，演讲于知用中学，及市教育局主持之“学术讲演会”，题目为《读书杂谈》，《魏晋风度及文章与药及酒之关系》。

八月，开始编纂《唐宋传奇集》。

十月，抵上海。八日，移寓景云里二十三号，与番禺许广平女士同居。

同月，《野草》印成。

沪上学界，闻先生至，纷纷请往讲演，如劳动大学、立达学园、复旦大学、暨南大学、大夏大学、中华大学、光华大学等。十二月应大学院院长蔡元培之聘，任特约著作员。

同月，《唐宋传奇集》上册出版。

十七年　一九二八年　四十八岁

二月，《小约翰》印成。

同月，为《北新月刊》译《近代美术潮论》，及《语丝》编辑。

《唐宋传奇集》下册印成。

五月，往江湾实验中学讲演，题曰：《老而不死论》。

六月，《思想山水人物》译本出。《奔流》创刊号出版。

十一月，短评《而已集》印成。

十八年　一九二九年　四十九岁

一月，与王方仁、崔真吾、柔石等合资印刷文艺书籍及木刻《艺苑朝花》，简称朝花社。

五月，《壁下译丛》印成。

同月，十三日，北上省亲。并应燕京大学、北京大学、第二师范学院、第一师范学院等校讲演。

六月五日，回抵沪上。

同月，卢那卡尔斯基作《艺术论》译成出版。

九月二十七日晨，生一男。

十月一日，名孩子曰海婴。

同月，为柔石校订中篇小说《二月》。

同月，卢那卡尔斯基作《文艺与批评》译本印成。

十二月，往暨南大学讲演。

十九年　一九三〇年　五十岁

一月，朝花社告终。

同月，与友人合编《萌芽》月刊出版。开始译《毁灭》。

二月，“自由大同盟”开成立会。

三月二日，参加“左翼作家联盟成立会”。

此时浙江省党部呈请通缉“反动文人鲁迅”。

“自由大同盟”被严压，先生离寓避难。

同时牙齿肿痛，全行拔去，易以义齿。

四月，回寓。与神州光社订约编译《现代文艺丛书》。

五月十二日，迁入北四川路楼寓。

八月，往“夏期文艺讲习会”讲演。

同月，译雅各武莱夫长篇小说《十月》讫。

九月，为贺非校订《静静的顿河》毕，过劳发热。

同月十七日，在荷兰西菜室，赴数友发起之先生五十岁纪念会。

十月四、五两日，与内山完造同开“版画展览会”于北四川路“购买组合”第一店楼上。

同月，译《药用植物》讫。

十一月，修正《中国小说史略》。

二十年　一九三一年　五十一岁

一月二十日，柔石被逮，先生离寓避难。

二月，梅斐尔德《士敏土之图》印成。

同月二十八日，回旧寓。

三月，先生主持“左联”机关杂志《前哨》出版。

四月，往同文书院讲演，题为：《流氓与文学》。

六月，往日人“妇女之友会”讲演。

七月，为增田涉讲解《中国小说史略》全部毕。

同月，往“社会科学研究会”演讲《上海文艺之一瞥》。

八月十七日，请内山嘉吉君教学生木刻术，先生亲自翻译，至二十二日毕。二十四日，为一八艺社木刻部讲演。

十一月，校《嵇康集》以涵芬楼景印宋本。

同月，《毁灭》制本成。

十二月，与友人合编《十字街头》旬刊出版。

二十一年　一九三二年　五十二岁

一月二十九日，遇战事，在火线中。

次日，避居内山书店。

二月六日，由内山书店友护送至英租界内山支店暂避。

四月，编一九二八及一九二九年短评，名曰《三闲集》。编一九三〇年至一九三一年杂文，名曰《二心集》。

五月，自录译著书目。

九月，编译新俄小说家二十人集上册讫，名曰《竖琴》。编下册讫，名曰《一天的工作》。

十月，排比《两地书》。

十一月九日，因母病赴平。同月二十二日起，在北京大学、辅仁大学、北平大学、女子文理学院、师范大学、中国大学等校讲演。

二十二年　一九三三年　五十三岁

一月四日，蔡元培函邀加入“民权保障同盟会”，被举为执行委员。

二月十七日，蔡元培函邀赴宋庆龄宅，欢迎萧伯纳。

三月，《鲁迅自选集》出版于天马书店。

同月二十七日，移书籍于狄思威路，税屋存放。

四月十一日，迁居大陆新村九号。

五月十三日，至德国领事馆为“法西斯蒂”暴行递抗议书。

六月二十日，杨铨被刺，往万国殡仪馆送殓。时有先生亦将不免之说，或阻其行，先生不顾，出不带门匙，以示决绝。

七月，《文学》月刊出版，先生为同人之一。

十月，先生编序之《一个人的受难》木刻连环图印成。

同月，“木刻展览会”假千爱里开会。

又短评集《伪自由书》印成。

二十三年　一九三四年　五十四岁

一月，《北平笺谱》出版。

三月，校杂文《南腔北调集》，同月印成。

五月，先生编序之木刻《引玉集》出版。

八月，编《译文》创刊号。

同月二十三日，因熟识者被逮，离寓避难。

十月，《木刻纪程》印成。

十二月十四夜，脊肉作痛，盗汗。病后大瘦，义齿与齿龈不合。

同月，短评集《准风月谈》出版。

二十四年　一九三五年　五十五岁

一月，译苏联班台莱夫童话《表》毕。

二月，开始译果戈里《死魂灵》。

四月，《十竹斋笺谱》第一册印成。

六月，编选《新文学大系》小说二集并作导言毕，印成。

九月，高尔基作《俄罗斯的童话》译本印成。

十月，编瞿秋白遗著《海上述林》上卷。

十一月，续写《故事新编》。

十二月，整理《死魂灵百图》木刻本，并作序。

二十五年　一九三六年　五十六岁

一月，肩及胁均大痛。

同月二十日，与友协办之《海燕》半月刊出版。

又校《故事新编》毕，即出书。

二月，开始续译《死魂灵》第二部。

三月二日下午，骤然气喘。

四月七日，往良友公司，为之选定《苏联版画》。

同月，编《海上述林》下卷。

五月十五日，再起病，医云胃疾，自后发热未愈；三十一日，史沫特莱女士引美国邓医生来诊断，病甚危。

六月，从委顿中渐愈，稍能坐立诵读。可略作数十字。

同月，病中答访问者O.V.《论现在我们的文学运动》。

又《花边文学》印成。

七月，先生编印之《凯绥·珂勒惠支版画选集》出版。

八月，痰中见血。

为《中流》创刊号作小文。

十月，体重八十八磅，较八月一日增约二磅。

契诃夫作《坏孩子和别的奇闻》译本印成。

能偶出看电影及访友小坐。

同月八日，往青年会观第二回“全国木刻流动展览会”。

十七日，出访鹿地亘及内山完造。

十八日，未明前疾作，气喘不止，延至十九日上午五时二十五分逝世。